吉林财经大学资助出版图书

网络广告治理的理论与实践探索

席　琳／著

吉林大学出版社

·长春·

图书在版编目（CIP）数据

网络广告治理的理论与实践探索 / 席琳著. -- 长春:
吉林大学出版社, 2021.11
ISBN 978-7-5692-9332-6

Ⅰ. ①网… Ⅱ. ①席… Ⅲ. ①网络广告 - 监督管理 -
研究 Ⅳ. ①F713.852

中国版本图书馆CIP数据核字(2021)第223558号

书　　名：网络广告治理的理论与实践探索
　　　　　WANGLUO GUANGGAO ZHILI DE LILUN YU SHIJIAN TANSUO

作　　者：席　琳　著
策划编辑：黄国彬
责任编辑：张维波
责任校对：周春梅
装帧设计：刘　丹
出版发行：吉林大学出版社
社　　址：长春市人民大街4059号
邮政编码：130021
发行电话：0431-89580028/29/21
网　　址：http://www.jlup.com.cn
电子邮箱：jldxcbs@sina.com
印　　刷：天津和萱印刷有限公司
开　　本：787mm × 1092mm　　1/16
印　　张：10
字　　数：160千字
版　　次：2022年3月　第1版
印　　次：2022年3月　第1次
书　　号：ISBN 978-7-5692-9332-6
定　　价：58.00元

前　言

当今时代是经济科技一体化的时代，发展可谓日新月异。网络广告作为依托信息技术成长起来的新业态，得到了前所未有的大发展。任何新事物的出现都是一柄“双刃剑”。网络广告在促进产业发展、活跃市场、服务社会生活的同时，这种新媒体业态也日益显露出来诸多问题，如各种虚假广告大量充斥广告市场，不仅干扰了市场秩序，侵害了广大消费者权益，也影响了社会和谐稳定。如何加强对网络广告的监管，有效治理虚假网络广告问题，保障广告产业的健康发展，是推进我国治理体系和治理能力建设的一项重要课题。

从1997年第一个网络广告出现至今，我国对于网络广告的监管二十多年来取得了长足的进步和成效，但总的来说，是边实践边总结，逐步规范提升。2015年《中华人民共和国广告法》（以下简称《广告法》），正式将网络广告纳入法律的监管范畴，实现了一个历史性突破。然而，无论是在实践中还是政策层面，网络广告监管的法律法规、执行规制、行业自律和社会监督 等各个方面，仍然存在着结构性的失衡和缺陷。有关网络广告监管的问题目前已经是学术界一个关注的热点领域，介于政治学、管理学、行政学、经济学、法学等学科的交叉点，应用性强，但是目前研究的标志性成果不多，所以，本书的出版可以说富有一定的挑战性。

本书立足我国网络广告监管的实践，从理论与实践相结合的视角，总结借鉴现有的研究成果，侧重分析研究了以下几个问题。

一是阐释了网络广告的基本含义，在总结现有一些研究成果的基础上，对网络广告进行了界定，并辨析了网络广告监管的内涵和外延，归纳提炼了网络广告的三大类型（互联网广告、移动终端广告、新业态的广播电视广告）和五大特征（传播范围的广延性、承载容量的海量性、表现手段的多维性、信息传递的交互性、广告效果的可测性）。

二是描述了我国广告监管发展变化的历史脉络，具体划分了网络广告监管发展历史的五大时期：失控期、探索期、雏形期、成长期、强化期，并阐述了各个时期的特征，同时总结国外网络广告监管的先进经验，并加以借鉴。

三是研究了我国广告监管的基本现状，包括两大价值取向（体现国家治理能力现代化的要求、适应建设法治中国的方略）、三大法律基础（法律、行政法规、司法解释等三个层面的现有规制）、两大基本原则（合法性原则、合理性原则）。

四是分析了传统广告与网络广告在监管逻辑、监管方式和监管结构上的不同，客观归纳了我国网络广告治理中“政府失灵”“市场失灵”“第三部门失灵”等现实要求；并基于政府角度和网络平台角度，阐述了目前网络广告监管工作面临的规范性依据不足、主体缺位、程序缺失等问题。

五是着眼解决网络广告管理上存在的监管缺位、规制结构失衡等问题，分析了我国网络广告监管体系的构成要素、监管职能设置，在适应国家治理体系和治理能力现代化的建设要求的基础上，提出了网络广告监管从传统广告监管模式向网络广告现代治理转型的观点，并就系统构建我国网络广告监管体系建设提出了相应的建议。

网络广告可以说是广告业内最多元、变化速度最快、界定标准最模糊、监管体系最庞杂、治理难度最大的一项课题。本书的研究突出了问题导向，对网络广告监管进行了一定的理论探索，在总结借鉴现有成果的同时，提出了一些新的观点看法、对策建议，目的在于为我国相关行政监管部门研究制定网络广告监管法律法规，完善监管模式，有效破解监管上的结构性缺陷，提供相应的理论支持。

目　录

绪论……1

一、研究背景及问题由来……1

二、研究意义……4

三、相关研究综述……6

四、研究思路与内容安排……13

第一章　概念辨析和理论基础……15

一、相关概念辨析……15

二、治理的内涵……23

三、网络广告的基本特征和主要类型……28

四、网络广告治理的理论基础……31

第二章　网络广告监管的发展历程……37

一、网络广告的发展回顾及相关数据分析……37

二、我国网络广告监管回溯……46

三、国外网络广告监管现状及经验启示……53

第三章　我国网络广告监管现状分析……56

一、我国网络广告监管的价值取向……56

二、我国网络广告监管的法律基础……62

三、我国网络广告治理的基本原则……69

四、我国网络广告监管的行政结构……76

第四章　我国网络广告监管目前存在的主要问题…………………………　80
一、网络广告与传统广告监管比较　……………………………　80
二、政府监管存在的问题　……………………………………100
三、行业自律存在的问题　……………………………………103

第五章　我国网络广告治理存在问题的成因分析……………………108
一、网络广告治理的影响因素分析　…………………………108
二、政府监管存在问题的成因分析　…………………………112
三、行业自律存在问题的成因分析　…………………………115

第六章　我国网络广告的治理体系建构…………………………………118
一、我国网络广告监管体系建构的前提　……………………120
二、我国网络广告监管体系的构成要素　……………………127
三、我国网络广告监管体系中的政府监管职能设置　………133
四、构建我国网络广告监管体系的实现路径　………………136

结论……………………………………………………………………144

参考文献………………………………………………………………147

绪 论

一、研究背景及问题由来

2016年3月30日，某网站上的一则帖子受到了全国网友的广泛关注，发帖人名叫魏某西。在这则帖子中魏某西记录了自己的求医经历：两年之前，他被检查出患有一种罕见的疾病——“滑膜肉瘤”（一种恶性软组织肿瘤），国内外尚没有治愈的有效技术，得了这种病的人，存活的希望很小。得知病情后，他的父母带着他四处寻医无望后，魏某西通过网络搜索疾病信息，终于在网络广告推介中发现了一家医院有一种治疗方法，即“生物免疫疗法”。所谓的“生物免疫疗法”，是北京某医院与美国斯坦福大学合作开展的医疗项目，对于魏某西所患的恶性软组织肿瘤有着良好的疗效，可延长寿命20年以上。本着对某网站的信任和对三甲医院的认可，魏某西一家人从西安前往北京治疗。在2014年9月至2015年期间，魏某西家里前后共花去了20多万元的高额治疗费用，已经把家里所有积蓄都花光了，但是治疗却不见效果，魏某西的病情没有丝毫的好转。2016年4月12日，魏某西不幸离世，年仅21岁。

一个年轻的生命就这样离开人世，让魏某西家人悲痛欲绝，也让人惋惜。应该说，魏某西得的是绝症，就当时的医疗水平，几乎没有治愈的可能，治疗无果而亡，本是无可厚非的事。但是，让人困惑不解的是，虚假的广告宣传让魏某西本人及全家都寄托了可生存20年的希望，倾囊治疗，却没有挽回这个年轻的生命，最后是人财两空，有让人受骗上当的感觉，不能不让人质疑。这一事件曝光后，许多网友纷纷在网上质疑该网站的广告欺诈行为，舆论在网上开始发酵。该网站不得不被迫作出回应，并试图证明与其无关，迅速清理了相关广告，但这些举措都无法弥补对魏某西一家所造成的身心伤害。

在这一事件不断发酵的过程中，国家有关部门采取了相应的行动。经过国家网信办（国家互联网信息办公室）、卫健委（国家卫生健康委员会）、原国家工商行政总局共同调查并处理了事件涉及的相关责任主体。“魏某西事件”出现后，有关搜索引擎广告长期缺乏监管的状况引起了政府的高度重视，并积极研究制定相关的管理办法。2016年9月1日，原国家工商行政管理总局正式颁布实施了《互联网广告管理暂行办法》（简称第87号令），终于结束了对互联网广告长期缺失具体法规监管的状态，网络广告的监管真正开始步入依法监管的轨道。

自1994年中国首次实现互联网的全功能链接至今，我国在短短二十多年的时间里，一跃成为拥有世界上网民数量最多的互联网大国。截止到2020年6月，我国网民规模达9.40亿，较2020年3月增长3625万，互联网普及率为67.0 %。中国网站总数为468 万个，“.cn”下的网站数量为319万个。我国电商直播用户规模达3.09亿，较2020年3月增长4430万，规模增速达16.7%，成为上半年增长最快的个人互联网应用，为促进传统产业转型、带动农产品上行提供了积极助力。网络零售用户规模达7.49亿，占网民整体的79.7%，市场连续七年保持全球第一，为形成新发展格局提供了重要支撑。[①]由此可见，互联网在中国的快速发展与普及，在改变着国家运行方式的同时，也在影响着社会的秩序，公民生活的理念，以及经济发展的走向。目前，互联网已经渗透到了社会生活和国民经济的各个领域，在经济运行、产业发展、各项管理中得到了广泛的应用，成为人类生产活动和社会生活中不可或缺的工具手段和生活方式。基于互联网技术的发展，网络产业蓬勃兴起，营销方式、消费方式都发生了巨大变化，不仅降低了经济运行成本，也创造了巨大的社会价值，从根本上改变了传统的经济运行模式以及人们的生活方式。

自从1997年3月中国第一个网络广告诞生以来，网络广告很快就在中

① 第46次《中国互联网络发展状况统计报告》（全文）中共中央网络安全和信息化委员会办公室［EB/OL］. http: //www. cac. gov. cn/2020-09/29/c_1602939918747816. htm.

国的广告市场得到广泛的推广应用，网络广告所带来的巨额利润，使网络广告产业的从业人员急速增长，并呈现出爆炸式的规模化发展。据艾瑞咨询公司的年度统计报告：2019年我国的网络广告行业的市场规模已经达到6464.3亿元，同比增长30.2%。其中，移动广告的市场规模达到了5415.2亿元，增长率达47.8%，在网络广告整体市场中占比83.8%，信息流广告规模达1761.7亿元，电商广告份额比为37.8%。目前，移动广告、信息流广告、电商广告位居网络广告市场份额的前三甲。[①]与西方发达国家相比，网络广告在我国的发展时间还不长，网络广告的市场监管还相对滞后，致使网络广告市场鱼龙混杂，劣质广告甚至虚假广告大量充斥网络广告市场。很多网络广告内容与实际情况不符，导致消费者受到虚假广告的误导，上当受骗，深受其害。虚假网络广告对网络消费者的知情权、公平交易权、自主选择权、赔偿权等都造成了极大的侵害，乃至于网络广告已经成为广告行业信任度最低的一种广告形式。尽管各种网络运营商、服务商采用各项技术手段提供多种身份认证的方式，甚至一些知名电子商务运营商也提出了以评价参与交易者信誉度的方式来规避交易风险，但诈骗行为仍然时有发生，网络虚假信息造成的欺诈行为严重干扰和制约了网络经济的健康发展。相关立法和执法监管还有待完善，严重制约了网络广告健康、有序地发展。在面对互联网媒体催生下的网络广告，监管部门如何跟进应对？现行的监管规制有哪些缺陷？传统的监管手段面临哪些挑战？这些现实问题要求我国网络广告监管主体必须发挥好自身职能，肩负起保护消费者合法权益、保障网络经济市场的正常运行的监管责任，通过完善相关立法、建立有效监管机制、加强行业自律等方式，进一步打虚假网络广告的违法违规问题。从总体而言，如何把我国网络广告的监管从以行政监管主导提升到综合治理的层次，形成有效的综合治理体系，全面提升针对网络广告的治理能力，切实破解监管中出现的问题，不仅具有重大的理论意义，更具有现实的实践价值。

① 《2020年中国网络广告市场年度洞察报告》[EB/OL]. http://report.iresearch.cn/report/202007/3612.shtml, 2020年7月8日.

二、研究意义

广告是衡量一个国家经济发展的标志之一，如果广告产业发展得无序与混乱，不仅会损害国家经济的健康发展，也会干扰我国和谐社会建设。网络广告可以说是广告业内最多元、变化速度最快、界定标准最模糊、监管体系最庞杂、治理难度最大的一部分，尽管网络广告对于拉动消费、产业发展、区域经济建设、社会文化等诸多方面都起到了一定的作用。网络广告的监管工作，实质上就是立足于国家治理体系和治理能力现代化的全面深化改革总体目标，确立网络广告监管工作的基本原则，完善网络广告监管的法规制度，构建网络广告的监管体系，促成广告行业的依法、良性、有序和健康发展。

（一）理论意义

习近平总书记指出："要推进互联网、大数据、人工智能同实体经济深度融合，做大做强数字经济。"①当下，全球经济都在朝着数字化、网络化的方向转型，这对即将迈入"十四五"规划时期的中国来说，更是开启社会主义现代化强国建设征程的新机遇和新挑战。从党的十八大以来，习近平总书记多次强调数字经济的重要性，认为数字经济将成为推动我国高质量发展的新动力。在疫情防控常态化的背景下，消费需求和生产需求都从线下转移到线上，互联网经济呈爆发式增长。数字经济的优势不断显现，已然取代了传统的实体经济形式，成为当下经济发展的新业态。李克强总理也在政府报告中提到"电商网购、在线服务等新业态在抗疫中发挥了重要作用，要继续出台支持政策，全面推进'互联网+'，打造数字经济新优势"。②这也为"十四五"时期的数字经济发展指明了方向。在"十四五"即将展开的关键节点，数字经济无疑将成为我国未来经济发展格局中的重要组成部分。推动数字经济高质量发展，有效监管是关键。数字经济发展速度快、范围广，传统经济监管手段滞后，造成数字经济发展

① 习近平. 习近平谈治国理政（第三卷）[M]. 北京：人民出版社，2020：247.

② 2020年政府工作报告[EB/OL]. http://www.gov.cn/zhuanti/2020lhzfgzbg/index.htm.

中，诸多监管越位、失位、缺位的现象发生。我们要突出问题导向，以国家治理体系及治理能力现代化为目标，构建符合我国国情的、具有科学性先进性的数字经济监管体系，保障公平的社会主义数字经济市场秩序，探索适合“十四五”时期数字经济新业态的监管办法，为数字经济高质量发展起到推波助澜的作用。

网络广告的监管是在这个大背景下必须予以解决的一个问题。网络广告不同于传统媒介的广告，我国政府部门传统的监管理念和监管方式与网络广告的发展现实产生了诸多的不适应性。本书通过对管理学、法学等多角度、多学科的交叉研究，重新界定了网络广告的基本内涵，深化了学术界对于监管概念的理解以及影响网络广告监管制约因素的认识，探索改进传统广告监管的方式，构建符合我国基本国情、科学先进的网络广告监管体系。这是网络新媒体时代我国政府转型、行政体制改革的一项重要内容，也是推进社会主义市场经济健康发展的新举措。笔者希望通过加强这方面的深入研究，来推动我国网络广告监管的法律制度、行政体制、监管方式的进一步完善，为维护消费者合法权益，保障网络经济市场的稳定秩序，提供相关的理论指导和理论依据。

（二）现实意义

在广告行业飞速发展的今天，传统的广告行业已经面临诸多的问题，比如虚假广告、欺诈广告、不正当竞争广告、隐性广告等。网络广告依托网络传播范围广、制作成本低、传播速度快等特点，使广告监管面对这些问题涉及的领域、对象和事项更加广泛和庞杂，要求的技术手段也更高。

从对传统媒体的广告监管，转变为对网络媒体的广告监管，已成为工商行政管理机关及相关部门的一大现实难题。本书研究立足于中国网络经济发展的大环境，尤其是网络广告产业发展的新态势，坚持问题导向，针对网络广告市场的诸多现实问题，着重探讨网络经济环境下广告监管的困境，并以此分析网络广告监管中的法律规制、行政监管、行业自律及社会监督等方面的机构性失衡和缺陷，并参照运用国内外网络广告监管经验及现代治理理念，有针对性地提出了推进完善我国网络广告监管体系的对策和建议。

三、相关研究综述

笔者通过对相关文献的查阅和研究发现，国内外对于网络广告的治理研究并不多见。近些年来，随着网络科技的飞速发展，网络广告在人们的日常生活中占据着重要位置。在2000年之后，国内外学者开始了对于网络广告监管问题的考察与研究，国外学者对于该问题的研究早于中国，在研究深度和研究水平上看，处于相对领先的水平，侧重点主要聚焦在法律法规的研究和发展趋势的预测层面，在技术层面上也有一定的深度。与之相比，我国学者对于网络广告的研究还处于探索实践阶段。

（一）国内研究综述

国内学术界对网络广告的研究涉猎较晚，尽管近年来这方面研究受到了相应的关注，但研究成果较少，也不够深入，相关领域的专著和文献并不多。从对2000年以后出版、发表的文献进行归纳梳理中，不难看出，我国网络广告监管问题的研究主要是从如下两个视角来展开的。

1. 法律规制视角

这方面研究起步较早的是律师出身的李德成。早在2000年，他就出版了专著《网络广告法律制度初论》，从法律法规的视角，提出了网络广告监管上存在的制度缺陷，并就加强法律网络广告的法律法规建设提出了相应的建议。[①]2001年，他又出版新著《网络隐私权保护制度初论》，专门论述了网络隐私权的问题，以及法律法规建设存在的问题。[②]2008年，范志国出版的《中外广告监管比较研究》，开启了中外广告比较研究的先河，他系统对比研究了我国广告监管与西方发达国家以及日本广告监管的不同特点，分析了我国广告监管的结构性缺陷，并就修改《广告法》以及建立第三方自律审查机构，提出了初步的设想。[③]2009年李祖明编著的《电子商务法教程》出版，提出了网络广告专门立法的问题，尽管探讨不够系统、缺

---

① 参见李德成. 网络广告法律制度初论［M］. 北京：中国方正出版社，2000.

② 参见李德成. 网络隐私权保护制度初论［M］. 北京：中国方正出版社，2001.

③ 参见范志国. 中外广告监管比较研究［M］. 北京：中国社会科学出版社，2008.

乏深度，但针对性较强，从立法层面提出对网络广告的规制，涉及网络广告监管的根本性问题，启示意义重大。[①]另有施佳撰文提出，1994年制定的《广告法》对网络广告规制上的缺失，不适应网络广告市场监管的需要，应适时修改《广告法》，将网络广告列入相应的法律规范范畴。[②]柯永祥也认为，尽早制定专门的网络广告立法，为行政监管提供政策依据。[③]但也有学者持否定态度，如王烨认为，应对现有的《广告法》进行修订，将网络广告列入法律规范的范畴。[④]《广告法》在 2015年修订时增加了互联网广告的相关规范，2016 年原国家工商总局发布了《互联网广告管理暂行办法》以规范网络广告活动。不过现有的广告法制度框架和规制理念诞生于大众传媒时代，其规制的典型场景是以大众传媒机构为传播中心向不特定公众进行单向度的广告信息发送，对于互联网广告的规制更多是将传统的线下规制方案准用于线上活动。[⑤]《广告法》对于虚假和误导性广告的规制旨在保障广告信息的真实性，不过现有的立法并未明确界定何谓“真实的商品信息”[⑥]，因此，在实际工作中，各地区只能根据网络广告监管上的突出问题，边实践边总结，探索研究制定本地区网络广告的法律规制。学界通说认为信息的真实性包含两个维度：其一，若特定信息可以从客观层面加以证伪，则该信息应被视作虚假信息（欺骗性广告）受到法律规制；其二，若特定信息足以使消费者产生主观层面的错误认识，则可以将其视作误导性信息（误导性广告）加以规制由于网络广告的跨地域性、复杂性，相应的立法实践具有很大的局限性。[⑦]这在根本上讲，是立法的理论研究不够充分、深入，难以在全局上对网络广告的有效监管提供相应的法律政策支撑。

---

① 参见李祖明. 电子商务法教程［M］. 北京：对外经济贸易大学出版社，2009.

② 参见施佳. 网络广告及其法律规制［J］. 知识经济，2009（08）：34–35.

③ 参见柯永祥. 网络广告法若干问题研究［J］. 前沿，2003（06）：110–112.

④ 参见王烨. 对网络广告法律规制的几点建议［J］. 法制博览（中旬刊），2012（05）：184–185.

⑤ 参见马辉. 社交网络时代影响力营销的广告法规制研究［J］. 东南大学学报（哲学社会科学版），2021（01）：32–40.

⑥ 参见邵海. 虚假广告治理中的侵权诉讼［J］. 比较法研究，2018（02）：131–142.

⑦ 参见宋亚辉. 虚假广告的法律治理［M］北京：北京大学出版社，2019.

2. 行政监管与行业组织视角

关于行政监督管理方面，董雪认为："要提高网络广告经营市场准入的门槛，网络广告经营者必须具备一定的资质，并在指定的网站实行备案制度……要建立和健全对网络发布主体的监管制度和处罚制度……"①王国新、楚云鹤等人则提出：网络广告监督检察机关要明确自己有哪些职能，必须严格控制网络广告主体的市场准入条件，建立与健全网络广告相关内容的登记审查与备案，提高行政监督机关网络广告管理人员的职业素养，提高网络广告监测硬件设施。②在监管思路上，政府各级监管部门应该遵从网络运行规律，从监管主体、监管客体、监管方式、监管范围等方面做到理论与实际相结合，抓住主要问题，做好相关的监管工作。③除了强化政府方面的监管，张猛建议，应该建立行业自律机制对网络广告企业加强监管。④针对网络广告跨地区、越国界的传播特点，赵千羚提出了网络广告监管上的国际合作问题，以此来规避不法网络广告商逃避法律责任的漏洞。⑤刘寅斌等人提出，网络广告的监管要从广告发布途径和表现形式等方面对网络广告中存在的违法行为进行分类，从网络经济视角着重提出了网络广告的监测以及对于违法网络广告的治理。⑥此外，李明伟也指出，网络广告的监管工作，应当从网络广告的技术特点、利益链条、传播特点等方面准确界定其违法活动性质和法律法系，更加合理有效地构建网络广告监管体系。⑦唐英提出，一是依据新《广告法》加强市场监管。要治理互联网广告的低俗化，必须有法可依、有据可寻。二是建立广告主对互联网广告的自

① 董雪. 浅析网络广告的发展与监管［J］. 网络与信息，2006（11）：10.

② 王国新，楚云鹤. 关于网络广告中的法律问题的思考［J］. 中州大学学报，2008（05）：23.

③ 参见陈德权，王爱茹，黄萌萌. 我国政府网络监管的现实困境与新路径诠释［J］. 东北大学学报（社会科学版），2014（02）：176–181.

④ 参见张猛. 论网络广告的法律规制［J］. 法制与社会，2011（21）：274–275.

⑤ 参见赵千羚. 网络广告法律问题研究［D］. 北京:北方工业大学，2012.

⑥ 参见刘寅斌，马贵香，李洪波. 我国网络广告监管创新模式研究［J］. 科技管理研究，2010（16）：30–33.

⑦ 参见李明伟. 论网络广告治理的现实问题与学术回应［J］. 新媒体研究，2012（04）：110–114.

纠自查机制。[①]从这些分析中可以看出，在网络广告的实际监管过程中，网络广告的监管必须要从立法方面开始入手，只有完善网络广告监管的制度体系，才能应对实际监管工作中不断出现的新情况和新问题，从而对行政监管进行有效的规制，并对行业自律进行有效的指导。

关于行业自律和群众监督，袁翔珠认为，加强行业自律的目的是为了弥补政府和行政机关职能调整后造成的对网络广告监管的漏洞，对企业自我监督和管理能力进行引导和强化，充分认识到有必要进行网络广告行业的自我管理。[②]金鑫认为，政府行政监督管理部门应通过一些有效的方式，传达一些必要的信息给消费者，提高消费者对虚假广告和欺诈行为的辨别能力，从而使消费者具有自我防范的意识。[③]还有学者认为，根据如《电子商务法》《消费者权益保护法》《广告法》《反不正当竞争法》等，关于保护消费者权益、市场监管等方面条款，从中梳理出能规制、监管行业的规范，对网络广告活动中存在的突出问题进行引导，对网络广告参与者提出具体要求。[④]孟茹提出，由于政府的规制速度滞后于行业发展速度，借助技术保护消费者的隐私具有干预能力强、成本低等优势，与企业俘虏规制相比更为经济，因此使用算法技术，发挥数字互动媒体平台在广告监管中的作用，不仅可以促使广告主们积极承担起社会责任，而且也有利于形成与广告主共生共赢的互利关系。[⑤]

从总体上讲，国内相关研究虽然触及了网络广告监管上的一些关键性问题，但是研究大都只是提出问题，深度不够，对策措施的研究较为笼统，针对性、实效性还不强。

① 参见唐英. 新《广告法》视域下互联网广告低俗化监管机制研究 [J]. 当代传播，2018 (01)：99-101.

② 参见袁翔珠. 网络广告的法律问题探析 [J]. 科技进步与对策，2002 (05)：150-152.

③ 参见金鑫. 网络广告监管的思考 [J]. 合作经济与科技，2010 (02)：62-64.

④ 参见鲁艳敏，陈琦. 网络直播营销行为需要约束与规范——访中国广告协会会长张国华 [J]. 传媒，2020 (09)：9-12.

⑤ 参见孟茹. 算法时代西方网络广告监管的转向研究 [J]. 编辑之友，2020 (07)：102-107.

（二）国外研究综述

网络广告在国外兴起较早，针对网络广告监管的研究相对来说还是比较丰富的。首先从网络广告的界定方面来看，美国学者托尔森（E. Thorson）和舒曼（D. W. Schumann）认为："通过互联网形式呈现的符合广告定义即为网络广告。"[①]尼古拉斯（Nicholas Negroponte）则认为："网络广告应该具有主体、信息、渠道、费用以及受众群体等五要素。"[②]学者麦考德（L. McCord）和艾米（J. Eighmey）在已有界定的基础之上，将网络广告概括为："网络广告是通过互联网进行发布或传播的商业广告，即基于互联网并且其制作和发布是通过数字技术的广告。"[③]

随着网络技术的升级换代和网络经济的急速增长，网络广告市场所暴露出来的问题也层出不穷。作为一种新的广告业态，这方面的理论政策研究也同样处于一个探索的阶段。国外的专家学者希望能通过行政手段、法律法规的约束、相关人员的教育以及行业自律等方面来维护和规制网络广告的行业秩序，并且希望通过建立专门的监管建构，制定相应的法律法规，培育行业自律组织，构建起多维度的网络广告治理格局。[④]从总体上说，网络广告的市场管理可以发分为政府监督管理、社会协同管理、行业自律管理三个方面。[⑤]但目前综合来看，发达国家网络广告的管理主要是从政府监督管理和行业自律两个层面来展开的。

美国政府意识到网络时代的广告监管会遇到新的挑战，但所选择的回应路径并非新设监管机关，而是通过法律适用实现线上监管的延伸和创新。传统广告的监管机关在网络时代，仍然根据相关立法履行广告监管职责，继续发挥着重要作用。相对来说，美国对广告的立法以及行

---

① Schumann D. W., Thorson, E.(ed.). Internet Advertising: Theory and Research [M], New Jersey: Lawrence Erlbaum Associates, 2007.

② Nicholas Negroponte. Being Digita [M]. Vintage, 1996: 196.

③ Eighmey. J. , McCord. L., Adding value in the information age; uses and gratifications of sites on the World [J] Wide Web Journal of Business Research, 1998 (03): 187–194.

④ Richard J. Zembeck. . Jurisdiction and the Internet: Fundamental Fairness in the Network World of Cyberspace [J]. 6 Albany L. J. Science and Tech. 339.

⑤ 参见冯子标. 人力资本运营 [M]. 北京: 经济科学出版社, 2002.

政监管的研究是领先的。首先，明确以联邦贸易委员会（Federal Trade Commission，简称FTC）、联邦通信委员会（Federal Communications Commission，简称FCC）和药品监督管理局等机构为监管主体，并根据网络特性重新明确其职责。[①]联邦通讯委员会的成立，是对联邦贸易委员会在网络经济领域的有益补充，美国学者肯尼斯（Kenneth Creech）认为对于网络媒体的监管，联邦通讯委员会应当充分发挥自身作用，以应对自由度更高的网络广告。[②]在法律法规层面，在《儿童在线隐私保护法案》《电子邮箱保护法》《未经许可的商业邮件法》等法规的基础上，进一步更新指导性文件，如《网络广告如何有效公开的指南》《广告赞助指南》等，对既有立法通过发布指南等方式说明线上适用的具体情况。[③]同时，从另一种角度来说，美国重视案例法，所以，有关网络广告案件常常通过所判案例作为法律规制的依据。

如果一个机构对所管辖的产业过于强硬，它就会发现自身财政紧张，不仅政府在规制过程中会受到干扰，就连行业自律协会也会受到影响。[④]由于美国的民主传统和社会治理方式，行业自律组织的自我约束也逐渐体现作用，深受政府、企业和消费者的认可。在全美影响最大的自律机构是全国广告审查委员会（National Advertising Review Borad，简称NARB），该委员会的自律机制受商业促进局理事会（The Council of Better Business Bureaus，简称CBBB）指导。[⑤]美国广告自律监管理事会的自律监管机制对当事方的直接约束力有限，但是可以通过公开监管建议施加舆论压力，也可以将案件移送联邦贸易委员会或其他有监管权的联邦机构。有资料表明，联邦贸易委员会等监管机构对于收到自律监管机构移送的案件会优先

① 参见周辉. 美国网络广告的法律治理［J］. 环球法律评论，2017（09）：142-161.

② Creech K.. Electronic Media Law and Regulation［M］. Oxford：Focal Press，1996：395.

③ 参见范志国. 中外广告监管比较研究［M］. 北京：中国社会科学出版社，2008：42-43.

④ KENNETH C. CREECH. 电子媒体的法律与管制［M］. 王大为，于晗，李玲飞，等，译. 北京：人民邮电出版社，2009：40-41.

⑤ IAB. Self-Regulatory Principles for Online Behavioral Advertising［EB/OL］. 2014-12-30. http：// www. iab. net/insights_research/public_policy/behavioral-advertisingprinciples. 2009（07）：10-11.

处理。[①]在美国的网络广告监管中，市场主体的自我治理并不限于行业组织的自律，网络广告发布平台的自我规制同样也发挥着重要作用。自我规制主要包括两类：第一，私主体对自己行为的自我约束和规范；第二，自我规制组织或协会对其成员或者其他接受其权威的相关人员进行的约束和规范。[②]

然而，也有一些西方国家比如法国，则秉承政府主导型的监管模式。它主要是通过国家广告相关部门制定、颁布相关的法律法规并推广实施，旨在通过国家的统一、有效的管理，使得网络广告产业能够健康地发展。[③]英国学者莎莉（Sallie Spilsbury）认为："由于网络广告传播速度快、传播范围广等特点，在传播过程中总会引发一些现实法律所涉及不到的问题，所以对于网络广告的监管，就应该立足于对其用途及具体使用过程进行有效的法律约束。"[④]英国议会下属的情报与安全委员会曾在一份报告中称，安全机构需要Facebook、Twitter和Google等科技公司的帮助，鼓励广告商对在线通信服务提供商（CSP）施压，迫使其删除极端主义内容。[⑤]例如在法国，建立实行了广告前置审查制度，审查的机构具体由法国政府与有关媒体、广告企业、消费者协会共同投资组建，[⑥]未经这个审查机构审查的，不能在媒体上发布广告。负责广告监督管理的主要机构是广告审查局，基本职能是监督广告的活动以及违反法律的行为。[⑦]法国也有消费者联盟，但

---

① International Chamber of Commerce. Consolidated ICC Code of Advertising and Marketing Communication Practice［EB/OL］. 2014-12-26. http: //www. iccwbo. org/advocacy-codes-and-rules/document-centre/2011/advertising-and-marketing-communication-practice-（consolidated-icc-code）/. 2011（08）: 32-34.

② 参见李洪雷. 论互联网的规制体制——在政府规制与自我规制之间［J］. 环球法律评论，2014（01）: 128-130.

③ S. Wertherill. Cases and Materials on EC Law［C］. 5thed. London: Blackstone, 2000: 58.

④ Sallie Spilsbury. Media Law . London Cavendish Pub. Ltd. 2000. 296.

⑤ 英国建议广告主抵制谷歌Facebook 未能遏制极端内容_新浪科技https: //finance. sina. com. cn/stock/usstock/c/2018-11-24/doc-ihmutuec3094790. shtml.

⑥ Activities of the EU_http: //europa. eu. int/scadplus.

⑦ Desmond Dinan, . Ever Closer Union: an Introducion to European Integration［M］. Macmillian, 1999: 66.

实际上作用发挥效果不佳。①

与此同时，在发挥政府主导监管作用的前提下，行业和社会方面的监督作用也同样重要。这其中最为突出的方面就是在网络广告监管过程中的道德约束，如学者穆林（C.Mullin）就对网络广告监管中的道德约束发表如下见解："在网络广告的监管过程中，如发现利用网络广告腐蚀公共道德的行为，即可视为犯罪行为"。②也就是说，在法律约束的同时，网络广告的监管要注重与文化道德相结合，从思想层面抑制网络广告违法行为的发生。③

综合以上观点，国外学术界针对网络广告监管问题的研究，多以法律规制研究为主，辅以相关监管案例和监管操作规范，以期对以后的网络广告监管研究提供参考和依据；从研究角度来看，大多停留在模式构建层面，在具体流程方面，有针对性的研究并不多见。总的来看，相较于我国，国外网络广告相关研究还是相对领先，对于我国的网络广告监管工作具有一定的借鉴意义。

四、研究思路与内容安排

本书从我国网络广告市场的发展现状入手，结合现有行业报告数据，综合分析网络广告产业发展的历程及态势，总结借鉴现有的理论研究成果及实践经验，探寻网络广告的发展规律，对比政府对传统媒体广告的监管模式，归纳梳理网络广告产业发展及市场监管所存在的各种问题，深入剖析影响网络广告市场健康发展的各种因素，探寻诱发各种问题的深层次原因，运用相关研究方法概括我国网络广告监管所面临的困境，并以调查数据和资料找出造成困境的原因和影响因素。在提出问题、分析问题的基础

① 参见马特斯尔斯. W·斯达切尔. 网络广告：互联网上的不正当竞争和商标［M］. 孙秋宁译. 北京：中国政法大学出版社，2003.

② Mullin C.. Error of Judgement: The Truth about the Birmingham Bombings［M］. London: Chatto and Windus, 365.

③ 参见范志国. 中外广告监管比较研究［M］. 北京：中国社会科学出版社，2008.

上，笔者希望通过基础理论的指导，构建一套我国网络广告的监管体系。试图通过监管体系的搭建，实现维护社会公共利益的最大化、监管效率的提高，以维护网络广告市场的正常秩序。各章主要内容如下。

第一章：概念辨析与理论基础。首先对网络广告的概念入手，归纳网络广告的特征与类型，进而辨析网络广告监管的内涵与外延，辅以网络经济理论、公共治理理论、相关监管理论作为本书的理论支撑。

第二章：发展回顾。首先从网络广告的发展历程入手，纵向梳理了网络广告的发展历程，并通过对相关行业数据的总结分析，对网络广告的内涵能够充分认识和理解，并归纳出它的发展规律和轨迹。接着通过对我国网络广告监管的回溯，梳理我国网络广告监管工作的发展，最后对国外监管工作的现状加以描述，对先进监管经验加以借鉴。

第三章：现状分析。本章是对我国网络广告监管现状的总结概括——对我国网络广告监管工作价值取向、基本原则加以概括，对现行的法律法规加以梳理，对监管结构和相关职责加以总结。

第四章：存在问题。本章通过比较分析传统广告与网络广告监管的差异性，说明两种广告监管在监管逻辑、监管方式和监管结构的不同，剖析传统的广告监管模式不适应网络广告监管的实际情况，并从政府监管层面和网络平台层面多维角度、系统地分析我国广告监管上存在的问题。

第五章：成因分析。通过对相关数据的整理，对整个网络广告监管工作的影响因素进行分析，进而分析出政府行政管理部门、网络平台企业面临监管困境的根本原因。

第六章：体系构建。通过对存在问题及其问题成因的分析，结合我国的实际情况，根据我国网络广告监管的前提与必要性，对政府职能的设置、监管体系构成要素加以分析，最后从法律维度、社会维度、文化维度、技术维度等方面入手探寻完善我国网络广告监管工作的有效途径。

结论：对上述研究加以总结和概括，提出了实现网络广告监管从政府主导的行政监管向综合治理型监管转型、建构网络广告监管体系的对策建议，并分析了网络广告产业的发展趋向以及网络广告监管研究工作的方向和重点。

第一章　概念辨析和理论基础

一、相关概念辨析

（一）网络广告的界定

1. 广告的含义

对于广告的概念，英国《布莱克法律词典》中的解释是："1.吸引公众眼球，从而提高某种产品的营销量的行为。2.以生产和流通为业务范围的广告。3.比较广告：具体比较一种产品品牌与其他同类的广告品牌的广告。4.竞争性广告：包含少量产品信息，仅仅用于帮助生产商保持此种产品的市场占有份额的广告。5.咨询广告：给出一种产品的适用性及品质的广告。"[①]这种定义看似全面，实则缺乏了广告活动过程中的一些核心要素。

美国营销协会定义委员会（The Committee on Definitions of the American Marketing Association）曾在1948年提出，希望对广告能有一个完整性的定义。经过反复起草和修改，终于形成了一个被广大社会所接受的广告定义："广告是由可确认的广告主，对其观念、商品或服务所做之任何方式付款的非人员性的陈述和推广。"[②]在这则定义中，广告活动中的各种核心要素更加具体明确。

虽然上述定义在外国学术界颇受认可，但是，在概念界定的方法上与中国传统的定义方法有着很大的不同。在我国的《经济大辞典》中，把广告定义为广义和狭义两种，广义上是指唤起人们注意某项特定事物的一种手段，狭义上是指通过各种媒介向用户或消费者宣传商品或劳务，以促进

① Bryan A. Garne: Black`s Law Dictionary [M]. Thomas West, 2004: 168.

② 高萍. 公益广告初探 [M]. 北京: 中国商业出版社. 1999: 7–8.

销售或扩大服务的手段。[①]《中国广告年鉴》对广告的定义也分为广义和狭义两种：广义上是指广告本身、广告宣传和广告经营，它既包括由广告客户支付费用，通过利用各种媒介和形式来宣传商品、传递信息，也包括非经营性的各类广告、声明、启示等，狭义上是指“广告宣传的某一种形式，如经济广告、文化广告、体育广告等。[②]以上两种定义均把广告作为一种经济活动，忽略了广告的文化属性。在《现代汉语词典》中，对于“广告”的解释是：向公众介绍商品、服务内容或文娱体育节目的一种宣传方式，一般通过报刊、电视、广播、网络、招贴等形式进行。[③]这种解释更符合我国社会的认知习惯。

1995年，我国颁布并实施了《中华人民共和国广告法》（以下简称《广告法》），在我国关于广告的概念定义终于有了法律层面的界定：“本法所称广告，是指商品经营者或服务提供者承担费用，通过一定的媒介和形式直接或间接地介绍自己所推销的商品或者所提供的服务的商业广告。”[④]可见，《广告法》仅是针对商业广告活动及其相关主体，但并不包含非商业性质的广告活动。同时，在广告要素的概括上也有了更加具体的释义：①有偿性——商品经营者或服务提供者承担费用，也就是说广告是一种通过付费来进行的宣传活动；②媒介传播——媒介可以是直接性，亦可是间接性的，但不通过任何媒介传播的宣传活动并不是广告；③广告的目的具有营利性质，广告活动是围绕推销商品来展开的，其目的就是通过广告宣传活动来提高商品的销售，从而获利；④有明确的相关主体，即广告主，也就是商品的经营者或者服务提供者。相对于《现代汉语词典》中包含三个要素的广告定义，《广告法》中的定义更加强调了广告的商业特

① 崔银河. 广告学概论［M］. 北京：中国传媒大学出版社. 2007.

② 参见中国广告年鉴2015［M］. 北京：新华出版社，2016.

③ 中国社会科学院语言研究所词典编辑室编. 现代汉语词典（第7版）［M］北京：商务印书馆，2016：488.

④ 参见1995颁布的中华人民共和国广告法（第一章第二条）［EB/OL］. http: //www. npc. gov. cn/zgrdw/npc/lfzt/2014/2014-08/25/content_1875246. htm. 2014-8-25.

性[①]。2015年，新修订的《广告法》正式出台，明确指出："中华人民共和国境内，商品经营者或者服务提供者通过一定媒介和形式直接或者间接地介绍自己所推销的商品或者服务的商业广告活动，适用本法。"[②]

2. 网络广告的含义

网络广告作为一种新兴的广告形式，是互联网产生和发展的衍生品，最简单直接地理解，就是以互联网为传播载体的广告信息。国内一些学者也对网络广告进行了定义，如魏超认为：网络广告是以互联网为媒体发布、传播的商业广告，也可以说，网络广告是确定的广告主以付费方式运用互联网媒体对公众进行劝说的一种信息传播活动。[③]邓小兵、冯渊源认为，网络广告就是"利用网站上的广告横幅、文本链接、多媒体的方法，在互联网上刊登或发布的广告，通过网络传递到互联网用户的一种高科技广告运作方式"[④]。王庆宇认为，"所谓网络广告，是指在互联网的站点上发布的以数字代码为载体的各种经营性广告"[⑤]。这些概念界定大同小异。而按照现行《广告法》的规定和广告学界形成的共识：网络广告是商品经营者或者服务提供者（广告主）承担费用，通过网络媒介直接或者间接地介绍自己所推销的商品或者提供的服务的商业广告。与电视广告、报纸广告、广播广告、户外广告等形式相比，网络广告的特殊性在于其借助的媒介是网络媒介。[⑥]原国家工商行政管理总局在2016年7月出台的《互联网广告管理暂行办法》，以外延描述的方法界定了互联网广告的定义：即通过网站、网页、互联网应用程序等互联网媒介，以文字、图片、音频、视频或者其他形式，直接或者间接地推销商品或者服务的商业广告，并具体指明了互联网广告的五种类型。综上所述，网络广告坚持以互联网为传播载

① 参见全国人大法工委编. 中华人民共和国广告法释义及其相关法律法规［M］北京：中国方正出版社，1995.

② 参见2015年颁布的中华人民共和国广告法（第一章第二条）［EB/OL］. http://www.npc.gov.cn/npc/c12435/201811/c10c8b8f625c4a6ea2739e3f20191e32.shtml. 2018-11-5.

③ 魏超. 网络广告［M］. 北京：中国轻工业出版社，2007.

④ 邓小兵，冯渊源. 网络广告行政监管研究［M］. 北京：人民出版社，2014：20-21.

⑤ 王庆宇. 我国网络广告存在的问题及政府的监管责任［J］. 党政干部论坛，2007（06）：32-33.

⑥ 黄河，江凡，王芳菲. 中国网络广告十七年（1997—2004）［M］. 北京：中国传媒大学出版社，2014.

体，通过网页、网站、互联网应用程序等途径发布和传播的商业或服务信息的商业广告。

实际上，从网络广告传播的载体来区分，网络广告的含义也有狭义概念与广义概念之区别。通常来讲，狭义的网络广告就是指人们在日常生活中所认知的在互联网上发布和传播的广告，如原国家工商行政管理总局在《互联网广告管理暂行办法》（2016）中第三条给出的定义，以外延描述的方式规定了互联网广告的范围，包括互联网广告的媒介、形式及其类型。从广义上来理解，是指包括电信网、广播电视网、互联网等三网在内的网络广告，即凡是通过数字化网络形式所做的广告，都可视为网络广告。根据2020年国家市场监督管理总局发布的《关于加强网络直播营销活动监管的指导意见》，当下流行的网络直播带货行为中是否有“直接或者间接地介绍自己所推销的商品或者服务的”内容，如有上述此行为则可适用《广告法》，也属于本书所探讨的网络广告范畴。①网络广告是传统营销广告在网络环境下的新形式，拥有传统广告的全部要素。如《广告法》提出的广告主、广告媒体、广告受众、广告信息和广告费用等，只是要素内容上有所不同。其中，广告主是指发布网络广告的企业、单位或个人，网络媒体就是互联网，如因特网（Internet）和万维网（Web），广告受众是指信息的接受者；广告信息指网络广告所传达的企业、产品、劳务信息，广告费用，指在网上发布广告同样需要投入相应的资金费用。随着网络信息技术的不断升级和网络经济的不断发展，网络广告已经深深地融入了人们日常的工作和生活中，对于商业营销来说，网络广告既是一种营销策略，同时也是一种现代的营销方法。

（二）网络广告监管的界定

1. 监管的含义

任何的理论研究都要源自对概念的界定，网络广告监管的研究同样需要追根溯源，从监管的概念开始谈起。“监管”一词源自英语的“regulation”以及“regulatory constraint”，可以被译为依据一定规则而

① 网络直播营销活动监管中的《广告法》适用_中国市场监管报［EB/OL］. http://www.samr.gov.cn/ggjgs/sjdt/gzdt/202011/t20201120_323707.html.

实施的管理活动，在通常的认识下，这种规则被普遍认为是对于国家法律的遵守。学术界许多学者更是将其直接译为“规制”或者“管制”，但是“管制”的核心概念是在法律、规则和命令的条件下，系统地进行管理和节制活动，被广义的认为是政府对于经济活动的限制和管理，在概念界定上比“监管”的范围更大、更广，实际上监管只是管制中的一个组成部分。通常有学者将“监管”拆分成“监督”与“管理”，但从现实角度来看，“监管”并非只是两个词汇含义的叠加，而是有其特定的内涵。①

可以说，对于“监管”内涵的研究，学术界一直无法达成统一的界定，但就监管主体问题暂且有了共识性的认知。监管主体，泛指法律赋权而实施监管活动的机关、组织和团体，其中，以政府部门为主。卡罗尔和罗林斯在谈及监管的概念问题时指出：“由于监管一词具有多重含义，是一个极难明确界定的词语，由于它的复杂性和多重性，导致了人们在理解上差别与不同。”②因此，在本章展开之前，还是要对监管的概念加以辨析。

在经济学界中，权威的经济词典《新帕尔格雷夫经济学大辞典》对于监管的概念有如下解释。第一种解释认为，监管是政府为稳定经济秩序、促进经济发展而进行的干预活动。按照传统经济学的观点，政府通过监管这样一种调节手段，消除市场经济的外部性，以保障市场的正常运行。另外一种解释认为，监管是一种政府行为，是政府为实现某种政治目的而展开的行动，尤其是政府为保障公共利益，遏制企业不当决策，通过控制企业规模、销售价格等方式采取的一系列措施。③日本学者植草益认为，广义上的监管，是政府依据一定的规则，对特定的个人或群体，以及特定的经济主体活动进行限制的行为。④

从行政管理的视角来看，国外学者认为，监管是政府通过对于政策的

① 参见吴弘，胡伟. 市场监管法论——市场监管法的基础理论与基本制度［M］. 北京：北京大学出版社，2006.

② 参见［英］卡罗尔·哈洛，理查德·罗林斯. 法律与行政［M］. 杨伟东，等译，北京：商务印书馆，2004：555.

③ 参见［美］约翰·伊特韦尔，默里·米尔盖特等主编. 新帕尔格雷夫经济学大辞典（第4卷）［M］. 陈岱孙译. 北京：经济科学出版社，1992：129.

④ 参见［日］植草益. 微观规制经济学［M］. 朱绍文译. 北京：中国发展出版，1992.

制定和执行，直接或者间接地影响市场经济的行为。[①]国内学者认为，监管是政府干预市场经济的一种手段，与政府对于经济的宏观调控有着明显的差别，是一种具有针对性和时效性的行政管理手段。[②]政府在监管过程中，其职责定位就是在保证经济发展的同时，致力于实现社会的公平与公正。[③]综合来看，监管是协调政府与市场间关系的方式和手段，监管并不仅仅强调政府对于市场经济主体的强制性干预和控制，而是在适当时间、适当机会介入，引导经济走向，解决经济发展矛盾的路径。以上观点虽然从不同的研究视角对监管进行界定，但仍然没有摆脱各自研究领域的影响和束缚，缺乏研究的均衡性。美国学者史普博（D. F. Spub）提出："监管是指，由行政机构制定并执行的直接干预市场配置机制或间接改变企业和消费者的供需决策的一般规则或特殊行为。"[④]随着网络技术渐渐融入人们的日常生活中，监管的范围也扩大到了网络空间，网络空间不同于现实社会，虚拟性、隐匿性等特点造成了传统监管的不适应，因此，学者金玲提出了针对网络监管的多中心监管模式。她认为："奥斯特罗姆的多中心治理模式可以为建构我国网络平台的监管模式提供有益的借鉴，建构以法治方式为主要途径的多中心网络平台监管模式，充分考虑到博弈各方的利益所在，有效调动各方的参与积极性，合理地赋予政府、企业与大众不同的监管权力与责任，发挥不同"中心"的作用，合力实现对网络平台运营和有效监管。"[⑤]

2. 网络广告监管的内涵

对于网络广告监管的概念理解，目前学术界并没有达成统一的认识，主要有两个方面的理解。一是经济学意义上的监管，将网络广告视为网络经济的一种新形式，政府对网络广告的监管就是对网络广告产业的一种经

① 参见［美］丹尼尔·史普博. 管制与市场［M］. 余晖等译，上海：三联书店、上海人民出版，1999.

② 参见潘伟杰. 制度、制度变迁与政府规制研究［M］. 上海：三联书店，2005.

③ 参见郭薇. 政府监管与行业自律［M］. 北京：中国社会科学出版社，2011.

④ 参见［美］丹尼尔·史普博. 管制与市场［M］. 余晖，等译. 上海：三联书店，上海人民出版社，1999：45.

⑤ 金玲. 建构对网络平台的多中心监管模式——以淘宝为例［J］. 广东省社会主义学院学报，2017（01）：10.

济监管行为。比如黄河、江凡、王芳菲主编的《中国网络广告十七年》，对网络广告规制的定义，就是界定为政府和社会对网络广告经济主体及其行为的监管。[①]二是从政府监管的视角，依据有关法律法规，采用行政手段对网络广告行业主体及其商业行为进行的规范制约活动。比如，邓小兵、冯渊源编著的《网络广告行政监管研究》，对于网络广告的监管视为"一种行政权力的行使"，突出了网络广告的行政监管的属性。[②]学者周又红强调网络广告是政府监管的一项新内容，政府应该通过法律、法规和条例来对网络广告加以界定和保护。[③]上述对于网络广告概念的理解，即具有一定的合理性，同时也具有一定的局限性，难以适应对于网络广告治理能力现代化的需要，用这种传统的理念对现代网络广告的监管，也解决不了目前网络广告市场监管面临的现实问题。

所谓网络广告监管，从内涵上讲，是针对从事网络广告活动的主体，包括从事网络广告活动的广告主、广告经营者及广告发布者行为的监管活动，它是针对依托网络新媒体而传播的商业性广告实施监管的全部活动及其过程。网络广告监管从监管行为的属性上讲，与传统的广告监管并没有本质上的不同，都是一种规范、引导和约束性行为。但是，由于广告依托的媒介载体、传输方式与传统媒体广告有很大的不同，它是信息技术和经济形态发展到一种阶段的产物，是信息技术、知识经济交叉融合产生的网络经济的一种新业态。所以，针对网络广告产业及其市场行为的监管带有鲜明的知识经济和信息时代的特点。

（1）网络广告监管是针对网络经济的一种调控规范行为。网络广告是广告产业的一种新业态，它属于网络经济的范畴。政府对网络广告的监管，其目的是为了克服网络广告产业发展过程中"市场失灵"问题，保障其健康发展，因而本质上是一种经济调节行为，只是调节的对象和领域是网络经济。

---

① 参见黄河，江凡，王芳菲. 中国网络广告十七年（1997—2014）[M]. 北京：中国传媒大学出版社，2014.

② 参见邓小兵，冯渊源. 网络广告行政监管研究[M]. 北京：人民出版社，2014.

③ 参见周又红. 论网络广告的政府监督和管理[J]. 浙江大学学报（人文社会科学版），2001（07）：110–117.

（2）网络广告监管是对知识、技术等要素而进行的规范保障行为。网络广告依托的现代信息技术，广告传输具有数字化、智能化的特点，所以，网络广告监管不仅是针对网络广告产业及其市场行为的一种经济活动的监管，而且具有知识产权管理和网络信息安全管理的属性。

（3）网络广告监管是对网络消费者权益维护和保障的行为。网络广告市场出现的大量欺诈、虚假广告，直接侵害了广大消费者的知情权、选择权、隐私权、财产权等权益，不仅干扰了正常的网络市场经济秩序，也常常引发社会的冲突与矛盾，直接关系到社会的和谐与稳定，因此，网络广告活动的监管也具有社会管理的属性。

（4）网络广告监管面对的是网络空间的信息传递，而互联网是一种全球化的信息技术体系，对网络广告的监管活动，因网络广告传输的媒介特点所决定，这种监管活动常常是跨地域甚至跨国界的，监管的范围极其广泛，因此网络广告监管具有全球化属性，常常需要扩大区域，甚至全球化的协作管理。

3. 网络广告监管的外延

监管本质上是监管主体对监管客体的一种主动性的引导、规范、约束性行为，它涉及监管的对象范围、监管的规制手段、监管的市场环境等方面的内容，所以对网络广告监管的理解应该是多维度、全方位的。

（1）网络广告的监管对象是复杂多变的，具有很大的不确定性。传统媒体广告涉及的对象身份，如广告主、广告经营者和广告发布者等相关广告主体身份界定明晰，监管也是具体明确的。而网络广告的监管，针对的对象是参与和从事网络广告活动的广告主、广告经营者及广告发布者及其市场行为，但三者的身份常常是交叉融合的，同时又涉及提供网络广告发布渠道的网络平台等企业，所以监管的对象有一定的模糊性和不确定性。

（2）从监管的主体来说，涉及或参与监管的主体比传统广告监管则更加多元。网络广告监管不仅涉及政府管理部门，如政府各级市场监督管理部门以及相应的广告行业主管部门，而且涉及广告行业特别是网络广告行业组织，如广告协会、互动网络委员会等，还有广大社会组织如消费者协会等，都可以成为网络广告的监管主体。就网络平台而言，它既是监管的对象，也是一定意义上的监管主体，对网络广告也有自我监管的功能。

（3）网络广告的规制手段是多维度的。它不仅需要国家法律法规、行政监管等方面的规制，还涉及行业自律规范、社会舆论监督等方面。如2007年中国广告协会互动网络委员会制定的《中国互动网络广告自律守则》和《中国移动搜索互联网广告标准》，就属于行业自律方面的规范。2003年民间自发组成的网络虚假广告监督平台——“广告丑闻报”，就属于社会监督层面的规范。

所以，网络广告监管活动作为监管主体的一种主动性行为，它不仅是国家的法律规制、政府的行政规制，也包括网络广告行业自律性规范，社会组织对于网络广告的监督。从这个意义上讲，网络广告监管就不能狭义地理解为一种政府的监管行为，它还涉及行业规范、企业自律及社会监督多元化的监管活动。所以，本书所指的网络广告监管概念，是立足于一种广义上的网络广告监管。

二、治理的内涵

自20世纪80年代以来，“治理”逐渐成为学术研究中的热词。由于政府在国家和社会公共事务治理中的角色和作用，“政府治理”一直是治理理论和实践中的一个重要课题。总结梳理中外研究的现状和走势，对于深化当代中国语境下的政府治理研究，无疑是有着重要的现实意义。

（一）治理、政府治理及相关概念辨析

20世纪90年代以来，“治理”始终是一个开放的和不断更新的概念，尚未形成公认的概念。在众多的定义当中，1995年联合国全球治理委员会（CDD）对治理的概念界定比较有权威性和代表性，认为“治理”是指“各种公共的或私人的个人和机构管理其共同事务的诸多方法的总和，是使相互冲突的或不同利益得以调和，并采取联合行动的持续过程”[①]。这既包括有权迫使人们服从的正式制度和规则，也包括各种人们同意或符

① 全球治理委员会. 我们的全球伙伴关系［R］. 牛津大学出版社，1995：23.

合其利益的非正式制度安排。学术界对“治理”的概念界定有多种含义：在政治学领域，通常指国家治理，即政府如何运用国家权力（治权）来管理国家和人民；在管理学领域，从政府行政管理视角，通常指政府治理，即政府行政系统作为治理主体，对社会公共事务的治理；应用在社会管理领域，通常称之为社会治理，社会治理虽不否认一元主导，但强调多方参与、各司其职的合作共同治理，包括社会自治组织的自治。目前，有关“治理”的概念有许多衍生的词语，如公共治理、社会治理、政府治理、多中心治理，等等。

由于中西方话语体系和制度背景的不同，将西方的治理理论套用到中国显然是不科学的。西方学者是将政府治理放入其以市场为主导形式的治理语境下进行研究的，政府是与市场、社会并行的主体，政府治理仅指政府内部的治理。正如包国宪、郎玫所指出，这种理论框架从宏观层面讲，“治理构建的是政府、市场、社会相互联系、相互影响的横向框架，构建以此横向连接为条件的公共选择机制”，从微观层面讲，“治理搭建的是政府内部政治——行政行为的桥梁，是政府行政权力及行为如何运行、如何分配、如何组织的政治——行政过程”①。而中国学者是在政府主导的经济转型的背景下来研究治理问题的，视治理的主体主要为政府，主要研究的是如何发挥政府主导力量来解决公共治理问题。从狭义角度来说，政府治理意味着政府内部的治理，这包括政府体制改革、政府管理创新、政府管理价值理念的创新等诸多内容。从广义上说，政府治理意味着政府通过行使公共权力而管理社会事务，解决公共问题，创造公共价值的活动。在这一过程中，政府必须处理其与市场和社会的关系。由于政府治理最能体现中国转型期的特征，比如对秩序的需要、政府转型的需要，因而“从学术概念本土化的角度来看，政府治理可能是比较适合中国语境的概念”②。

理解“政府治理”的概念，需要厘清“政府治理”与“国家治理”“社会治理”等概念的联系与区别。国内学者王浦劬认为，国家治理在中国传统政治思想中，通常是指统治者的“治国理政”（治理国家和处

① 包国宪，郎玫. 治理、政府治理概念的演变与发展[J]. 兰州大学学报（社会科学版），2009（03）：1.

② 包国宪，霍春龙. 中国政府治理研究的回顾与展望[J]. 南京社会科学，2011（09）：62.

理政务），在西方学术语境中，“治理”一词主要意味着政府分权和社会自治。中国共产党人的国家治理，本质上既是政治统治之“治”与政治管理之“理”的有机结合，具体是指中国共产党领导人民科学、民主、依法和有效地治国理政。政府治理是指政府行政系统作为治理主体，对社会公共事务的治理，包含政府自身的治理优化、政府对经济活动和市场活动的治理、对社会公共事务进行的管理活动。社会治理实际是指“治理社会”，也就是特定的治理主体对于社会实施的管理。西方国家的治理理论，本质上是以理性经济人为基础的社会自我治理理论。在我国，社会治理是指在执政党领导下，由政府组织主导，吸纳社会组织等多方面治理主体参与，对社会公共事务进行的治理活动，在“党委领导、政府负责、社会协同、公众参与、法治保障”的总体格局下运行的中国特色社会主义社会管理。①至于“公共治理”，则是治理理论出现后所衍生出来的概念，强调以多元的、民主的、协作的行政模式管理公共事物，其实质是建立在市场原则、公共利益和合法性认同基础上的合作，但并不否认政府在公共事务治理中的主导作用。

总之，科学理解“政府治理”的概念，要把握好认知角度、语义范畴、不同语境下的差异，对西方的治理理念，既不能完全套用也不能全然否定，概念理解不能过窄也不能泛化。要注意从全球化时代政府治理改革和当代中国社会背景下，在“推进国家治理体系和治理能力的现代化”的总体框架中，准确理解和把握政府治理的内涵和外延，体现普遍性与特殊性的统一，使政府治理研究的学术概念实现从“引介”到“本土化”的转换，从传统管理思维向现代治理思维的转换，并用以指导当代中国政府治理的研究与实践。

（二）网络发展对政府治理的影响

20世纪70年代西方学者开始涉猎网络政治参与方面的研究。20世纪90年代之后，西方学者基于网络技术的政治效应，从网络政治发展与以及与民主政治关系的视角，对公民网络政治参与问题进行了深入探讨，“网

---

① 王浦劬. 国家治理、政府治理和社会治理的基本含义及其相互关系辨析［J］. 社会学评论，2014（07）：12.

络民主”成为研究的主题词。比如，美国学者史蒂文·克里夫（Steven Clift）认为，网络政治参与是“利用因特网加强民主的过程，为个人或社群提供与政府互动的机会，并为政府提供从社群中寻找输入的机会。”[①]迪克·莫里斯（Dick Morris）在所著的《网络民主》强调，网络政治参与实质是一种政治互动，提出公众与政府之间的沟通，由于计算机及网络的运用，创造了新的互动空间，民主的理念得以实施。[②]2004年，美国总统选举被视为网络政治沟通的重要转折点，网络政治参与逐渐成为西方学者较为关注的课题，研究主要聚焦在网络政治参与主体、网络对政治的影响、网络政治参与的方式和影响因素以及网络政治参与的制度程序等方面。2010年4月，英国学者查德威克（A. Chadwick）出版《互联网政治学》，系统研究了新传播技术对政党与选举、压力集团、社会运动、地方民主、公共机构和全球治理的影响，分析了持续性的和争议性的政策问题，包括数字鸿沟，互联网自身的治理，监视、隐私与安全之间的张力，互联网媒体领域的政治经济学。[③]可见，国外学者主要把公民网络政治参与视为公民（公众）与政府之间的“一种政治互动”活动，是“利用因特网加强民主的过程”，这是从民主政治理论或政治学意义上来理解的。

20世纪90年代以后，随着信息网络技术的迅猛发展及其对政治方面的影响，网络政治参与开始引起了国内学者的关注。有关公民网络政治参与的影响和效应，目前的研究有两个思路。一种是一分为二的“双重效应”说。赵银红认为，即公民网络政治参与既平等又不平等，既体现理性又体现非理性，既是低成本又是高成本，既可带来双赢又可引发一定风险。[④]孙萍、黄春莹认为，在网络政治参与实践的初始阶段，大都对其正向效应持肯定态度，随着实践的发展，逐步认识到网络这把“双刃剑”及其对公民政治参与的负向效应。两人还对近年来国内网络政治参与的双重效应作了归纳：改变信息传播方式和途径，弱化政府与民众之间的信息不对称；降

① Steven Clift: Democracy is Online［J］Internet Societ, 1996（03）: 186–192.

② 参见迪克·莫里斯. 网络民主［M］. 台北：商周出版社，2000.

③ 参见安德鲁·查德威克. 互联网政治学［M］. 北京：华夏出版社，2010.

④ 赵银红. 公民网络政治参与的“两重性”分析［J］. 云南行政学院学报，2009（03）：31–33.

低政治参与的经济和政治成本，为公民参与提供新的平台；推动民主政治发展和培育公民政治人格，促进公众情绪宣泄和权利实现；便于政府集中民智，实现决策科学化。同时，网络政治参与的经济和技术要求难免造成区域性和群体性参与差异，形成信息鸿沟；网络的隐匿开放性带来参与的偶发、随意性，造成参与无序、极化等问题；网络政治参与的相关利益矛盾易引发冲突，其急剧扩大会影响政治稳定和社会秩序。①王帆宇等探讨了公民政治参与对政府善治的双重效应。其正面效应，缩短了政府与民众之间的距离，提升和拓展了治理的范围和层次；解构了政府对权力的垄断局面，强化和提升了公民的主体治理意识；强化了对政府施政过程的监督。其负面效应，网络政治参与遭遇"数字鸿沟"，挑战了善治的公共性；过分张扬的非理性隐匿参与，导致政府管理无法"到场"发挥规范作用；"群体极化"容易致使政府在善治目标上发生偏差甚至对立。②另一种是"多种效应"说。张盛探讨了网络政治参与的三重效应：即公民网络政治参与以其聚合效应（个体参与的社会化链接）、脱域效应（集体行动的时空再造）、极化效应（传播空间的再中心化）改变了传统政治参与的形态特征。③又如，虞崇胜、邹旭怡认为，网络空间在政治生活领域的扩展给社会带来三个方面的影响：一是为社会增添了新的活力，为公民自由表达和政治参与提供了新的渠道；二是为执政者提供了获取信息、了解民间的渠道；三是可能导致难以预见的风险，从而挑战和威胁既定的社会秩序。概括地说，网络空间发展既助推政治发展又导致网络社会失序。④这种研究方向值得我们思考，因为有些后果其本身就是正向效应与负向效应的统一体，应对处理得好就产生"正能量"，反之则会变成"负能量"，另外还有不同环境与场合，同样的事情也会有不同的结果。所以，联系具体背

① 孙萍，黄春莹. 国内外网络政治参与研究述评［J］. 中州学刊，2013（10）：16-20.

② 王帆宇，朱炳元. 网络政治空间背景下的公民理性政治参与之道——基于政府善治的视角［J］. 政治学研究，2013（05）：10-14.

③ 张盛. 网络政治参与的特征与治道变革［J］. 现代传播，2014（09）：51-55.

④ 虞崇胜，邹旭怡. 秩序重构与合作共治——中国网络空间治理创新的路径选择［J］. 理论探讨，2014（04）：28-32.

景、针对具体问题来谈效应问题，可能更有助于研究的针对性和实效性。

网络广告的治理应该是一个制定政策、明确规则、解决纠纷、平衡利益的过程，在这个过程中，各主体相互适应、相互协调、协同前进。网络广告治理不仅仅存在于技术领域，不仅仅是对基础设施和基础资源分配的管理，治理范围将随着互联网的影响范围而扩大，从纯粹的技术领域扩展到了政治、经济、文化领域，治理参与的主体也随着治理范围的扩大越来越趋向多元化，既有代表国家利益的国家政权，也有代表市场力量的企业部门，还包括广泛的网络用户、专家学者等都是平等享有参与了互联网治理权限。未来互联网治理的重点，既要解决治理所需要的技术标准、技术手段，还将包括网络资源分配、信息安全应对，还有营造良好的网络氛围、维护良好的虚拟社会秩序。

结合以上分析，笔者认为网络广告治理是指由政府牵头，企业、社会以及技术专家共同参与，相互协调，密切配合，通过制定促进发展的政策、明确有利于发展的规则以及完善平衡纠纷利益旳措施，化解互联网世界中出现的利益分配、网络安全等矛盾和问题，推进互联网健康快速发展。

三、网络广告的基本特征和主要类型

（一）网络广告的基本特征

与传统的媒体广告相比，网络广告显示出了与其他媒体不同的优势和特点。如有人认为，网络广告具有传播范畴广泛，网络延伸到哪儿，网络广告就可以宣传到哪儿；传播方式多样灵活，传播效果统计方便精确。[①]也有人认为，网络广告具有海量信息、互动性和选择性、信息传播具有指向性、能灵活地进行实时修改、24小时在线、制作成本低廉、感染力和灵活性、网络广告效果的可测评性等八个特点。[②]综合以上各种研究和讨论，笔者认为，网络广告的特征可以概括为以下几个主要方面。

---

① 参见邓小兵，冯渊源. 网络广告行政监管研究［M］. 北京：人民出版社，2014.

② 参见黄河，江凡，王芳菲. 中国网络广告十七年（1997—2004）［M］. 北京：中国传媒大学出版社，2014.

1. 传播范围的广延性。传统媒体包括电视、广播、报纸等在很大程度上受到了时间、空间和宣传版面的限制，很容易使受众群体忽视甚至错过广告的传播与发布。网络广告的传播载体具有覆盖面广，观众基数大，存在形式为数字代码，网络广告的空间是无限的，真正实现了“无疆界”传播。

2. 承载容量的海量性。与传统媒体承载量相比，网络广告蕴含的信息量之大是空前的。广告主可以通过多种渠道和方式，不受限制地将推销的产品或市场活动的信息添加进来，展示在用户面前。可以说，网络广告的内容极为丰富，互联网上每条网络广告的后面，都可以蕴藏无限的信息和数据，大大超过了传统媒体广告提供的信息量和数据。

3. 表现手段的多维性。与传统广告传播相比，报纸杂志和户外广告依赖文字和视图，广播电视广告依赖音频和视频，网络广告集报纸、电视等传统传媒的各种优点于一体，形成集声音、图像、动画于一体的多媒体广告，感染力比较强，更加吸引受众。这是其他报刊、电台广告等无法做到的。

4. 信息传递的交互性。传统的广告传播活动对于受众群体来说，是单一的被动接受方式，而网络广告则提供了非常方便的交互性平台。在传统媒体上广告发布后就很难再改动，网络广告则可按照受众的需要变更广告内容，以更好适应市场供求变化，甚至可以直接与商家进行咨询和交易洽谈，直接实现了在线交易。

5. 统计结果的精确性。与传统广告传播相比，无论是电视中时常出现的精良广告、收音机中播报的具有吸引力的广告词，抑或是期刊报纸上印刷的精美广告，这些传统广告形式看似铺天盖地般出现在我们的日常生活中，但是，它们缺乏精准的效果反馈，也难以对其进行实时、动态的跟踪，因此收效甚微。而网络广告具有的可量化及统计的特性，使其具有高精准度，从而规避了传统广告的失控性和无效性。

（二）网络广告的主要类型

网络广告因依据不同可以划分为多种类型。魏超主编的《网络广告》一书，依据表现形式、占据面积、网页位置、传播方式等方面，对网络广告类型作了归纳和区分。比如，根据网络广告出现位置，网络广告可以分为弹出式广告、浮动式广告和内嵌式广告；根据广告在页面上的大小，可以区分为按钮广告和旗帜广告；根据传播方式的不同，网络广告可以分为基于网络媒介的网络广告、发布企业自己的网络广告和基于E-mail的网络广告。[①]邓小兵、冯渊源编著的《网络广告行政监管研究》一书中，则按照网络传播媒介的差别，将网络广告划分为电视广播广告、移动通信广告以及互联网广告。并且，根据其表现形式的不同又分为显性广告和隐性广告两类。[②]可以说，网络广告的分类方法多种多样，有的相对具体，有的相对宏观，这些划分都有其合理之处。“网络广告”这个概念的出现，主要基于广告传播载体和技术手段的不同，以及所具有的新媒体特征来界定的。所以笔者认为，根据网络广告传播载体的变化和技术手段的不同，对网络广告进行区分，更能从总体上把握不同网络广告的标志性特点。

1. 互联网广告

这是目前应用最广、最有效的广告形式，主要是选择较大的门户网站，如搜狐、新浪、网易等网站发布的广告形式，这是狭义上的网络广告。当前，这类网络广告比较庞杂，比如横幅旗帜式、按钮图标式、电子邮件式、插页弹窗式、游戏互动式、文字链接式、移动浮标式等，这其中又有静态广告和动态交互广告的区分。当下比较流行的是横幅旗帜式广告和大屏幕的插页弹窗式广告。还有一种新兴的摩天大楼式广告（Large Rectangle Ad），俗称“疯狂广告”，此类广告最大特点是占据网页空间大，广告篇幅较大，信息蕴涵含大，广告干扰度低，信息传播面广，视觉冲击范围大，非常引人注目。2016年原国家工商行政管理总局出台的《互联网管理暂行办法》，列举了常见的互联网广告五种类型：链接式广告、电子邮件广告、付费搜索广告、商业性展示广告和其他通过互联网媒介推销商品或服务的商业广告，以此作为对互联网广告外延描述的补充。

① 参见魏超. 网络广告［M］. 北京：中国轻工业出版社，2007.

② 参见邓小兵，冯渊源. 网络广告行政监管研究［M］. 北京：人民出版社，2014.

2. 移动通信广告

从严格意义上来说，移动通信广告也属于互联网广告。自从手机作为移动互联网终端的广泛普及应用，广告运营商开始对这方面的广告投入逐渐加大，移动通信广告在网络广告中占据的市场份额逐年递增，在消费者群体中的影响力也越来越大。当下消费者的网络交易行为很大程度上是从移动通信客户端产生的，消费者对于这种形式的广告如手机短信广告、微信广告、App推送广告、微博广告等，已经司空见惯，并逐渐接受，不过对于恶意的、强制性的广告推送干扰很是反感。目前，移动通信广告的发送方式主要有：移动终端点对点发送、网络运营商对移动终端客户的多点发送、移动客户端的软件推送等几种方式。不过移动客户端用户群体（如微信、微博）往往是封闭的，不是好友就无法发送网络广告信息。随着相关功能的不断开发，将会打破这一界限，这是由网络广告无限开放性所决定的。

3. 电视广播广告

电视广播广告在传统认知当中通常被划入传统媒体广告的行列。广播电视广告收入一直以来都是广电行业的主要收入来源。随着网络新媒体的不断发展及其对社会生活的全面渗入和影响，作为广播电视事业的一部分的广播电视广告，从体制到经营，到具体的操作层面，都发生了很大的变化，广播电视已经不再是传统单一的收听收看渠道。由于网络技术的发展，我们已经可以从互联网终端收听和收看各种信息，包括广告信息。目前，世界上网络终端与传统固定媒体已经开始融合，中国三大网络运营商（中国联通、中国电信和中国移动）和传统媒体合作趋势愈发明显，相互之间融会贯通、借势运用，使广播电视广告也具有了网络媒体广告的特性。

四、网络广告治理的理论基础

网络广告监管是非常现实的规制行为，沿用传统的媒体广告监管方式，已经不符合当下网络经济发展的时代要求，也不适应当前网络广告行业发展的现实需要。要想从根本上解决当前市场监督管理部门对于网络广告活动所体现的监管失灵问题，以及广告协会等组织对业内广告主、广告经营者的自律缺失问题，迫切需要从理论层面或者理论与实践的相结合上进行分析指导，以增强工作的自觉性、预见性、主动性，实现对网络广告的有效管理。从理论研究层面来说，以下三大理论值得学习借鉴。

（一）网络经济理论

网络经济理论不同于传统的经济学理论，是信息社会知识经济发展的必然产物，这种理论阐释的基础与传统经济学理论有着本质上的不同，它颠覆了“资源的稀缺”“理性经济人”和“市场充分竞争”三大假设。其一，传统经济学认为，经济资源对于人类的欲望而言是非常稀缺的，而网络经济基于可再生、可重复利用的知识、信息所具有的膨胀性和共享性，使资源的稀缺性将不再成为网络经济中的问题根源。其二，传统经济学认为，经济人具有完全的理性，但获取资源是有限的，不可能做到全知全能；但在网络经济条件下，经济人通过网络可以获得海量的信息资源，使“经济人”的理论假设由“有限理性”提升到“高度理性”成为可能。其三，传统经济学认为竞争是充分的，虽然现实中竞争和垄断共存，但竞争占主导的；而在网络经济时代中，合作竞争将占主流。20世纪90年代之后，随着互联网经济产业的高速发展，信息、知识、技术、管理已经充分融合了网络经济领域，全球经济的一体化市场更加充分，网络经济学作为一门课程也应运而生。

美国学者李（Lee W. Meknight）和约瑟夫（Joseph P. Bailey）合编的《网络经济学》（*Internet Economics*），最先阐述了网络经济学的定义及研究对象。国内经济学家乌家培对网络经济也有比较深的研究。根据网络经济学的观点，网络经济的规模化、全球化使管理也具有了全球性，信息管理、知识管理成为管理的新模式。网络经济理论还突破了传统经济学关于供给与需求平衡点的预测，指出了网络风险是影响经济供需平衡的重要因素，这给网络经济的监管提出极为现实的要求。从总体而言，在网络经济飞速发展条件下出现的市场和政府的双重失灵，在一定程度上揭示了对虚拟的网络经济活动管理包括网络广告管理的特殊性，需要有与虚拟经济发展相适应的监管途径和手段，这为经济学破解网络经济健康有序发展的难题提出迫切的时代要求。近年来，经济学界对网络经济的复杂性及风险性，以及网络经济中的企业价值评估，都进行了相应研究。总之，网络经济理论研究方面的成果，为我们正确认识网络经济活动，包括网络广告行为，提供了重要的认识基础，同时也对加强网络广告的市场有效监管提供了相应的理论依据。

（二）公共治理理论

自20世纪70年代以来，基于市场和政府的双重失灵，西方国家开始探索政府、市场与社会有效合作的治理之路。“公共治理”是20世纪90年代兴起的治理理论，对于政府、社会与公民之间的关系有了重新的定位，而且政府在社会管理中的角色也在逐步转变，由管制型政府逐渐向服务型政府转变，整个社会的治理是一种由政府、社会及公民所组成的多元化治理体系，强调多元主体的合作共治。

改革开放以来，伴随着经济转轨和社会转型，中国政府治理理论与实践也在不断发展变化。我国政府的多次行政改革，不断地简政放权，促使政府的治理范式不断改进，政府已经不再“包打天下”，很多原来由政府承担的管理职能已经逐步让渡给了社会组织，并积极推进政府行政体制改革。强化以人为本、依法行政理念，推行法治政府、服务政府建设，推进政务公开和电子政务建设，畅通与公民社会沟通交流的渠道，接受社会和公民的监督，初步形成了政府治理为主、社会治理为辅、公民治理为有益补充的多元治理的局面。在理论研究上，国内研究人员引用西方的治理理论，也相应地提出了“多元治理”“有效治理”“合作治理”“善治”等理论，深受关注，影响很大。就治理主体而言，不再由政府承担单一的治理主体角色，社会公共组织也需要承担相应的治理责任和义务。就治理依据而言，国家层面上的立法是远远不够的，它仅仅是对整个广告行业和整个监管体系进行了规制，并没有详细的具体操作规定，这就需要社会以及各种不同相关主体共同形成规则或者协议来进行补充，各种治理主体在公域之治中应当各展其长、各得其所。对于网络广告活动的治理上，在强化政府主导性监管职能的同时，构建公共治理的多元主体治理体系，充分发挥政府监管、行业自律、社会监督的共治作用，无疑提供了一个重要的参照路径。

当代中国已经进入名副其实的网络信息时代。中国互联网络信息中心发布第46次《中国互联网络发展状况统计报告显示》：截至2020年6月，中国网民规模达9.40亿，相当于欧洲人口的总量，其中，手机网民达到9.32亿，占比达99.2%。[①]伴随着网络经济的规模化发展以及网络社会的形成，对传统的社会管理提出了巨大的挑战，由网络“意见领袖”通过炒作和诱发的群体性事件，出现了干扰市场秩序、侵害公民权益、危害公共安全等方面的倾向。对网络社会治理体系和手段进行完善，已成为公共治理理论与实践的重要课题。在2013年4月22日的《学习时报》上，学者何哲发表了《网络社会公共治理的十大关键问题》的文章，系统分析了网络社会治理面临的十大关键问题。面对网络社会治理的种种困境，他认为：“只有通过对上述问题的认真细致的分析，网络社会的治理才有可能从理论和实践上实现完善。”[②]网络广告活动是网络社会中形成的现象，体现了网络经济时代的特定属性。从网络社会的视角，认真分析研究网络广告治理中政府、企业、社会组织、公民角色定位及其关系，推动实现政府主导、多元参与、内外结合、引导规范的协同治理，具有十分现实的理论意义及实践价值。

（三）监管基础理论

所谓监管（regulation），主要是指政府监管部门及其具有相应行政管理职能的单位，凭借相应的法律法规，引导、规范和约束市场主体的经济行为，包括采取强制性措施，通过对市场主体的准入资格、产品质量检测、商品价格制订、服务质量检测等进行必要的监督管理。对违法违规的责任主体，施加相应的行政处罚措施，以确保个人与企业的经济行为符合市场经济健康发展的要求，防止出现市场失灵。传统监管经济学也谈到了政府失灵的问题，但对策往往是借助市场机制来解决。从管理体系发展现

① 第46次《中国互联网络发展状况统计报告》（全文）中共中央网络安全和信息化委员会办公室［EB/OL］. http: //www. cac. gov. cn/2020-09/29/c_16029399187478. htm.

② 何哲. 网络社会公共治理的十大关键问题［J］. 学习时报，2013-04-22.

实来看，除了政府管理部门，各种行业协会组织、新闻媒体、公民权益保障组织等，也承担着社会管理的重要责任。

在市场经济发达的西方国家，如美国，曾先后出现过以下五种监管理论。

1. 公共利益理论（Public Interest Theory）：认为当市场失灵时，政府监管能够有效地通过纠正市场失灵，维护社会公共利益。在一些具有垄断特性与不完全竞争或是内部性信息不对称等领域，政府的监管具有合理性。

2. 利益集团理论（Interest Group Theory）：认为企业对于政府监管有着强大的影响力，而政府本身也是具有自利动机的，监管是基于利益集团对于监管的需求而产生的，而存在自利动机的监管机构迟早会被利益集团所控制或俘获。由于监管者拥有分配垄断利润的权力，所以相关的利益集团具有巨大的利益动机去影响垄断利润的分配，而作为监管者的政府可通过各种形式参与这个分配过程。

3. 监管政治理论（Regulatory Politics Theory）：认为国家在监管过程中能够保持其相对的自主性和独立性，政府监管既不是单纯服务于纯粹的公共利益，也不会完全被利益集团所俘获，而是在公共利益、利益集团以及自身利益之间寻求某种策略性平衡。监管会随着成本与收益在不同利益之间的分配状况而呈现出不同的类型，如多数主义政治、利益集团政治 、代理人政治以及企业家政治。

4. 制度主义理论（Institutionalism Theory）：认为政府监管作为一种政治行为，既不是由单纯的公共利益观所推动，也不是不同集团之间利益谈判的结果，而是特定制度环境下的必然产物，各个行为主体的偏好都是由一定的制度环境所塑造出来的。

5. 观念推动理论（Idea Force Theory）：认为西方国家实行的放松监管的改革运动是源自知识阶层的一系列价值观念所触发的，如美国里根政府的放松监管改革，并不是相关利益集团游说的结果，而是一些经济学家和知识分子提出的经济理性主义（即牺牲少数生产商利益让广大消费者获益）所引发的。

研究借鉴上述这些监管的基础理论，对于我们研究加强对网络经济时代的网络广告的监管实践，无疑提供了相应的理论视野和思维角度，具有一定的启示意义和指导价值。由于广告监管体制总是与一个国家的政治制度、经济模式、管理文化以及广告文化联系在一起的，中国选择使用什么样的监管体制及其方式是有其内在动因的，因此，关键在于如何结合中国网络广告市场的实际，对西方的管理理论予以科学地转换和有选择地加以应用。

第二章　网络广告监管的发展历程

一、网络广告的发展回顾及相关数据分析

现代信息通信技术属于科技前沿领域，发展日新月异，对经济社会的影响之大前所未有，而且越来越深。从1997年3月第一条网络广告发布至今，我国的网络广告在不知不觉间已经走过了整整24年的历程，从历史进程的角度来看，二十多年并不是一段很长的时间，但是网络广告的发展却经历了一段具有颠覆性的变迁过程。在这段时期中，互联网技术不断更新换代，网络媒体发展走向多样化，网络广告产业结构从失衡走向稳定，网络广告行业规模成指数级增长，网络广告业态也呈现出复杂多变的特点。网络广告的变化速度已经远远超过了传统的媒体广告，例如位列传统广告收入规模之首的电视广告，其经营收入从100亿元到200亿元，足足用了5年的时间，而网络广告仅仅通过1年的时间就达到了这个目标。我国的电视广告起步于中央电视台，由于国家对于媒体的管控，当时只有中央电视台一家电视媒体可以播放电视广告，对行业形成了垄断，并且这种局面一直持续了30年之久，而网络广告市场的多样化结构在仅有的二十多年间就得到了不断的变化和升级。①所以说，回顾和梳理网络广告的发展过程。是我们研究做好网络广告监管工作的首要前提，不仅可以充分认识到网络广告的概念内涵，掌握网络广告发展变化的特点和规律以及面临的问题和困境，而且可以深层次地剖析当前影响我国网络广告发展的主要因素，这些对于研究建立健全我国网络广告的监管体系有着至关重要的意义。

---

① 参见艾瑞咨询报告各年度网络广告行业发展报告［EB/OL］. http://report. iresearch. cn/report_pdf. aspx?id=3614.［2021-01-08］.——笔者根据搜集材料自行整理.

对于事物运行规律的总结梳理，学术界一般采取分期归纳的方式，而分期归纳的重点就在于时期划分的依据和方式。目前，总结归纳广告史的分期研究方式主要有以下三种：第一种方式是以十年为一个节点，只是对于时间跨度内的一个简单概括和总结，不涉及思辨等问题；第二种方式是发展历史的资料整理，通过按年份编写的大事记等方式，对历史发展有一个详细的描述，但绝非是宏观上的概括与归纳；第三种方式是总结网络广告在不同阶段的特点，以行业相关数据的归纳和整理来把握整个行业的发展变化走向。本章对于网络广告的发展回溯更倾向于第三种划分方式，通过对网络广告行业的收入规模进行收集整理，确立其各个阶段的变化节点，这样可以更加清晰地看出我国网络广告行业的发展态势，从中可以发现网络广告在我国网络经济市场中的比重及其重要影响。

我国学术界在网络广告阶段划分上由于依据不同，形成了多种划分方法。第一种是以网络广告的产品形态将其分为四代：第一代网络广告是旗帜广告，即Banners；第二代网络广告是网站中产品促销手段的整合，包括赠券、商品特价等形式；第三代网络广告采用了大量的音频、视屏等多媒体方式；第四代的网络广告则采用了3D互动（3D互动即为入口式3D聊天模式）的方式。[①]第二种是以广告主体间关系变化为前提，从广告活动过程视角切入，将网络广告划分为“由各网站自行为广告主制作和发布的广告时期”“传统的广告公司介入时期”以及“新的网络广告策划制作服务公司介入时期”三个发展时期。[②]之后的研究学者则看到了网络广告市场的规模变化，将中国网络广告的发展划分为诞生期、挫折期和爆发期三个时期。[③]但是这种划分太过简单，不能详细体现我国网络广告发展各时期的特点，因此衍生了后来的五阶段分期：第一阶段即中国网络广告的历史性突破期（1997—1999年），第二阶段为中国网络广告的蛰伏期（2000—2002年），第三个时期即中国网络广告的回暖期（2003—2004年），第四阶段

① 参见苏月. 我们需要什么样的网络广告?——试论企业网站的广告传播效果［J］. 新闻界，2005（05）：130.

② 参见陈绚. 网络广告的特点与发展趋势［J］. 国际新闻界，2000（04）：64-69.

③ 参见黄玉涛. 解析中国网络广告的发展轨迹［J］. 中国广告，2004（07）：91-93.

即中国网络广告的成熟期（2004—2006年），第五阶段即中国网络广告的爆发期（2007—2020）。①

网络广告行业是一个复杂的系统，仅仅以产品特点、方式或者形态来划分网络广告的发展阶段，并不能充分地体现出网络广告发展的整体特点，以及网络广告行业的运行规律和内在逻辑。所以，本章采用指标是通过网络广告市场收入规模来直观地体现网络广告在不同时期的节点变化。从经济学角度来说，网络广告亦是一种商业产品，通过网络广告主体的资本投入和受众群体的浏览接收而形成了特有的市场规模。在网络广告发展的不同阶段，网络广告主体及其投入资本的变化，造成了网络广告投入和受众群体的数量变化，这些变化也就使得整个行业的收入规模也随之改变。通过将这些改变以数字的形式呈现，可以清晰地看到网络广告发展变迁的走向。

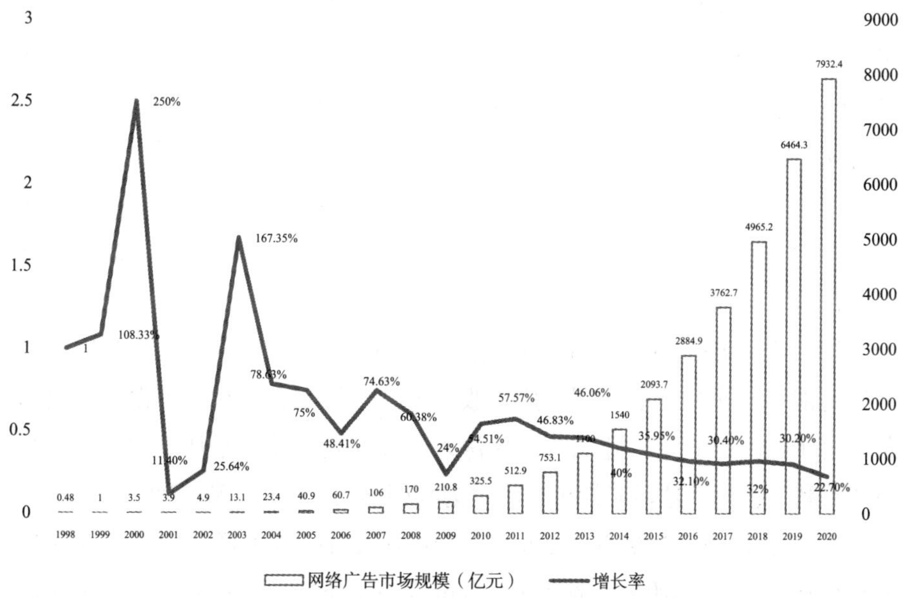

图2-1　我国网络广告各年度市场规模及增长率②

① 郭泽德. 中国网络广告10年发展过程研究［J］. 中国广告，2007（11）：144-145.

② 参见艾瑞咨询报告各年度网络广告行业发展报告［EB/OL］. http://report.iresearch.cn/report_pdf.aspx?id=3614.［2021-01-08］. ——笔者根据搜集材料自行整理.

从图2-1中我们可以清晰地看到，我国网络广告市场规模从1997年的无迹可寻，到2003年突破10亿元大关，再到2007年突破100亿元大关，直至2013年网络广告市场规模超过了1000亿元，我国网络广告基本上是处于一种迅速飙升的态势。从增长率层面来看，1999年，中国网络广告市场规模达到了1亿元，相较于1998年的0.48亿元增长了108.33%，随后的2000年网络广告市场规模迅速达到了3.5亿元，涨幅250.00%，与其他产业规模相比，网络广告的产业规模呈现出一种爆炸式的飙升态势。但是到了之后的2001年和2002年，我国网络广告市场规模虽然分别达到了3.9亿元和4.9亿元，但是增长率却只有11.43%和25.64%，涨幅不大，可以说直接降到了网络广告出现以来的最低谷。而到了2003年，网络广告市场开始强烈反弹，市场规模突破10亿元，增长率达到了第二个峰值167.35%。虽然之后的两年并没有如此大的涨幅，但是增长也相对稳定，均超过70%。2007年，我国网络广告市场规模首次突破100亿元，从图2-1中可以看到，在之后的时间里，除了在2009年全球金融危机的影响下增长率仅有24.00%，其余年份增长率均稳定在40%至60%。由此，我们可以将网络广告的发展划分为如下四个时期（图2-2）。

第一个时期是1997年至2000年。1997年我国出现第一则网络广告，从零起点到突破亿元大关，使得网络广告初具规模，此时期可称之为我国网络广告的“初创期”。

第二个时期是2001年至2002年。新兴产业网络广告受到了全球互联网经济泡沫破裂的影响，网络广告收入急速下滑，整个行业不得不调整思路，对于运作方式、产业结构开始深入研究开发，使重心从“融资”调整为“营利”，所以这段时期可以称之为我国网络广告的“调节期”。

第三个时期是2003年至2006年。中国网络广告市场告别了之前两年的整理和震荡，在网络经济全面复苏的大背景下，网络广告市场迎来了新的契机，2003年的网络广告市场规模也激增到了13.1亿元，并且在2006年达到了60亿元，我国网络广告市场实现了质的飞跃，所以将此时期称之为“飞跃期”。

第四个时期是2007年至今。2008年的北京奥运会不仅给我国经济带来了前所未有的发展，而且给我国的网络媒体提供了无限的机遇，网络广告市场规模突破百亿元大关就是最好的证明。市场规模大幅度扩大，增长率也稳定提升，达到现阶段的7932.4亿。所以称此阶段为“突进期”。

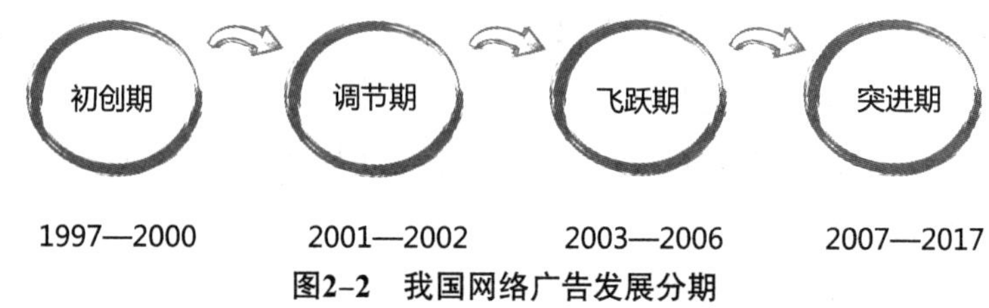

图2-2　我国网络广告发展分期

（一）初创期：诞生与探索

广告行业是一个庞大的生态系统。[①]我国网络广告的发展并不是无源之水、无本之木，并不会独立存在，而是与国内外互联网络的环境以及广告产业的发展密不可分。

20世纪90年代，互联网技术的产生以及美国克林顿政府“信息高速公路”战略的颁布实施，极大地刺激了信息技术的发展，并给人们的生产活动及日常生活带来了巨大影响，互联网正式开启了商业化的进程，并且由此开始了互联网飞速发展的黄金时代。随着互联网终端数量的不断增加，用户规模爆炸式地增长，使越来越多的商业企业开始关注和投资互联网这块尚待开发的新领域。随着商业资本的不断注入，互联网的价值逐渐被发掘出来。正是在这种背景下，世界上的第一则网络广告在美国诞生了。1994年4月15日，美国电话电报公司和美国《连线》杂志签订了有史以来的第一份网络广告合同。1994年10月14日，Hotwired在其主版块上发布了AT&T（美国电话电报公司）等14家客户的“Banner”（旗标广告），开创了网络广告的先河。与此同时Hotwired也被看作是最早的网络媒体，[②]这也促使如美国有线电视网、《华尔街日报》等传统媒体尝试建立网站并发布网络广告。由此，网络广告如同雨后春笋般在欧美各国快速发展，资本注入不断增加，规模不断扩大，技术和运营体系日渐成熟和完备。在随后不到两年的时间里，网络广告的市场规模从1995的6000万美元，迅速增长到

① 参见黄河，江凡，王芳菲. 中国网络广告十七年（1997—2014）［M］. 中国传媒大学出版社，2014.

② 谭旭. 网络广告——现在就是未来［J］. 网络与信息，1997（08）：3-4.

了1996年的2.67亿美元，在1997年，网络广告的营业额突破了9亿美元的大关。[①]从此，网络广告行业得到快速发展，成为继报纸、杂志、广播、电视之后的第五大媒体。

在1993年美国颁布“信息高速公路”互联网战略之后，我国政府特别关注，同时也逐步开展了对社会信息基础设施的建设。1994年，我国公用互联网、科技网、教育和科研网、金桥信息网等四大网站逐步建成，标志着我国正式进入了互联网时代。

正是在这样的大背景下，我国的网络媒体得以蓬勃发展。与此相适应，网络广告的产生也自然是水到渠成、应运而生。1995年马云创办“中国黄页”，它是国内首家互联网商业站点，创办形成了中国最早的网络商业形式。[②]中国黄页的出现，拉开了中国网络广告的大幕。在网络广告的初创期，网络广告市场中的主体间关系尚未明确界定，所以整个网络广告市场的运作相对随机，不够稳定。但是，网络广告独特的竞争优势和良好的发展前景，使越来越多的广告主开始不断加大资本注入以开发这一新领域，推动了网络广告市场的快速发展。

初创期的中国网络广告主要有三种广告方式：浏览型广告、点击型广告和呼告型广告。但是在这一时期内，我国通信技术相对滞后，网络覆盖面较小，网民数量较少，仅局限在知识阶层中，所以浏览型广告成为网络广告初创期的主要广告形式，一些传统媒体的广告主也开始转战网络媒体。广告主是广告活动过程中的核心要素，网络广告的广告主主要来自电脑和电信两大行业，其中，联想、英特尔、IBM等IT行业巨头成为最主要的网络广告主。

在网络广告的初创期，由于技术层面的限制，网络速度较慢、网站相对较少、网络广告收费较高，成为限制网络广告发展的主要因素。在经营方面，虽然广告企业在不断学习和模仿先进的网络广告成功模式，但是从网络广告的设计、制作、推广服务等方面仍然处在低水平阶段。在网络广

① 数据来源于美国互动广告署（The Interactive Advertising Bureau，简称IAB）对美国网络广告收入的历年统计[EB/OL]. http://www.199it.com/archives/168516.html.［2016-11-12］.

② 参见陈一，贾飞. 狂人马云和他的“阿里巴巴”[J]. 企业研究，2000（12）：41.

告刚刚出现的阶段，仅有与之联系紧密的IT行业进行投入，其他企业注意力仍集中在传统媒体广告之上，对于网络广告持一种观望的态度。同时，由于当时的电脑普及率和网民数量都极其有限，受众群体相对较少，所以，我国网络广告初创期的发展规模及技术表现形式都是极其有限的。

（二）调节期：蛰伏与复苏

在经过了之前几年的互联网热潮之后，经济泡沫被戳破，互联网经济产业陷入低谷。中国互联网产业也受到了巨大的冲击，被视为网络企业标杆的新浪、搜狐、网易等几大门户网站的股价一跌再跌，面临着巨大的生存压力。就在这个紧要的关头，我国政府注意到了互联网行业的危机，并给予了极高的重视和大力的支持。2000年10月，中共中央十五届五中全会通过了“十五”计划的建议，把推动信息化建设作为重大战略，并提上政府工作日程。在国家的扶持和推动下，我国的互联网产业逐步得到了复苏。

正是在这样一种大环境下，网络经济的萧条使得网络广告市场告别了以往的浮躁和虚高，越来越趋于理性。在此阶段，受世界范围内网络泡沫经济的影响，我国许多网络广告企业的网络广告制作质量不高、收入微薄，甚至入不敷出，导致了众多广告主逃离网络广告市场，造成了网络经济的巨大波动。虽然受此影响，但我国网络广告市场也并非毫无亮点，在经过2001年的震荡之后，2002年，我国的网络广告市场开始回暖，广告主的数量逐渐增加到了910家，网络广告规模也小有抬头的迹象。

（三）飞跃期：振兴与突破

在经过之前两年的蛰伏之后，网络广告行业由之前的狂热状态回归理性，在大规模的投资之后，开始寻求更具盈利性的商业模式。从2002年底到2003年初，美国股市经过一系列的震荡之后再次攀升，这也促使了互联网企业掀起了新一轮的融资并购热潮，网络市场格局不断更迭升级，以博客、网络论坛为代表的新型网站逐步兴起，标志着“Web2.0”时代的正式来临。

我国的互联网产业和网络广告正式在这样的大背景下，实现了飞跃式的增长。2004年10月26日，国家信息化领导小组第四次会议讨论了《关于加强信息资源开发利用工作的若干意见》和《关于加快我国电子商务发展的若干意见》；2005年11月，国家出台了《国家信息化发展战略（2006—2020）》（中办发〔2006〕11号），我国互联网的发展已经被纳入国家长期的发展战略之中，更使我国互联网的发展在政策上有了更加清晰和长远的引导。正是在这一时期，我国网民规模持续增长，极大地推动了我国网络媒体的快速发展（如表2–1所示）。

表2–1　2003—2006我国互联网发展规模统计①

<table>
<tr><th>时间</th><th>2003.6</th><th>2003.12</th><th>2004.6</th><th>2004.12</th><th>2005.6</th><th>2006.12</th><th>2006.6</th><th>2006.12</th></tr>
<tr><td>宽带接入计算机数（万）</td><td>980</td><td>1740</td><td>3110</td><td>4280</td><td>5300</td><td>6430</td><td>7700</td><td>9070</td></tr>
<tr><td>专线接入计算机数（万）</td><td>2342</td><td>2660</td><td>2870</td><td>3050</td><td>2970</td><td>2910</td><td>2860</td><td>2710</td></tr>
<tr><td>拨号接入计算机数（万）</td><td>4501</td><td>4916</td><td>5155</td><td>5240</td><td>4950</td><td>5100</td><td rowspan="2">4750</td><td rowspan="2">3900</td></tr>
<tr><td>ISDN接入计算机数（万）</td><td>490</td><td>552</td><td>600</td><td>640</td><td>550</td><td></td></tr>
<tr><td>手机接入计算机数（万）</td><td rowspan="2">180</td><td></td><td rowspan="2">260</td><td></td><td rowspan="2">450</td><td></td><td>1300</td><td>1700</td></tr>
<tr><td>其他（万）包括PDA、信息家电</td><td></td><td></td><td></td><td>98</td><td>178</td></tr>
<tr><td>合计</td><td>8493</td><td>9868</td><td>11995</td><td>13210</td><td>14220</td><td>14440</td><td>16708</td><td>17558</td></tr>
</table>

同时，由于当时重大事件的发生，互联网逐渐被人们所认知和使用。这就给网络广告带来了前所未有的机遇，网络广告的关注度不断攀升，产业规模也越来越大，相比于2002年的4.9亿元，急速增长到了2003年的13.1亿元，涨幅达到了167.4%。

在这一时期内，网络广告飞跃式发展的主要表现为以下四点。

1. 网络广告主的全面介入，且投资行业由原来的IT和通讯类等少数几类行业，迅速扩充到了房地产、交通、教育、医疗等传统行业，投资企业数量也逐年攀升。如表2–2所示：

① 数据来源于中国互联网信息中心历年统计报告［EB/OL］. http: //www. cnnic. cn/hlwfzyj/hlwxzbg/hlwtjbg/index_1. htm. ［2021–03–25］.

表2-2　2003—2006我国网络广告发展规模统计①

时间	2003年	2004年	2005年	2006年
网络广告主数量（万）	1435	3205	3418	3545
年增长率（%）	156.8	123.3	6.6	3.7

2. 网络广告展现形式多样化。网络广告的展示形式从单纯的页面形式，转变为视频、音乐等多种表现形式于一体，传播效果更佳，相比于传统广告模式更具互动性。

3. 网络广告传播媒体的多元化。2006年7月1日《信息网络传播权保护条例》正式实施，为我国的网络广告发展提供了政策方面的保障，使得各种形式的网络媒体纷纷投入到了网络广告行业，网络广告经营也逐渐成为各大商业网站最主要的收入来源。

4. 网络广告市场规模的急剧扩大。网络广告收入从2003年的13.7亿元增长到了2006年的46.6亿元，涨幅逐年增加，占广告行业整体规模的比重也由2002年的0.7%上升到2006年的3.8%。与同期其他传统媒体广告相比，网络广告产业在这一时期可以堪称行业的亮点，其增长规模是杂志的1.58倍，报纸的1.66倍，电视的1.75倍。在这一时期，网络广告在经历了大起大落之后，开始突破了发展瓶颈，实现了跨越式的发展。

（四）突进期：成熟与成长

在2006年之后，全球互联网行业的发展更加迅猛，以Facebook、YouTube、Twitter等新兴网络互动网站相机崛起，移动互联网更加高速便捷，互联网用户的规模与日俱增，人们也迎来了Web3.0时代。网络媒体的价值得到了进一步的凸显，这对网络广告行业的重要性是不言而喻的。我国在此阶段进入了互联网“大国崛起”的时代。正是在这样的大背景下，我国网络广告行业日新月异，一路高歌猛进。

网络广告突进期的发展，具体可以从质与量两个方面来看。

从量的层面来看，网络广告市场规模突进。2007年，我国网络广告市场超过100亿元之后，市场规模持续增长，2019年度中国网络广告市场规模

① 参考艾瑞咨询:《2007年中国网络广告市场份额报告》[EB/OL]. http: //www. iresearch. com. cn/view/259999. html. [2017-01-8].

达到6464.3亿元，同比增长30.2%，[①]2020年度中国网络广告市场规模达到7666亿元，同比增长18.6%，预计在三年内市场规模突破1.2万亿。[②]在这些光鲜数据的背后，我可以看到网络广告产品越来越丰富，在传统行业进行媒体宣传的时候，已然将网络媒体当作了首选。

从质的方面来看，网络技术的成熟与进步促使网络媒体更加多元，网络媒体和网络广告公司的市场结构趋于合理，整个行业的成熟度较以往有了很大的提升。在经过了十几年的实践和学习之后，广告主对于网络广告有了更深入的认知，更有一些行业领先者形成了自己独特的网络广告体系和营销理念。许多广告公司为了顺应网络广告的发展趋势迅速调整和转型，升级平台，引入先进技术，拓展信息数字化业务。

从以上的回溯和分析中，可以纵向地把握网络广告的发展脉络，对于研究分析网络广告的监管有着非常重要的意义。

二、我国网络广告监管回溯

进入21世纪以来，广告行业依然是经济发展中的重要一环，直接影响着居民的消费水平、经济发展和社会文化建设。网络广告作为广告产业的新业态，在广告市场中占据的份额及影响越来越大，其发展环境是否健康，竞争是否有序，政府监管是否有效，在某种意义上讲，直接决定着整个广告产业能否健康发展。网络广告可以说是整个广告行业最复杂的一项业务，其类型多元、变化迅速、界定标准模糊、规模体制庞杂，对于政府的行政监管工作提出了许多现实的挑战。在经历了二十多年的发展之后，我国网络广告市场已经逐渐趋于成熟，迫切需要通过科学、有效的监管活动来约束和规范网络广告的市场行为，为网络广告行业发展保驾护航，保障我国网络广告产业的可持续发展。

① 参考艾瑞咨询《2020年中国网络广告市场年度洞察报告》[EB/OL]. https://report.iresearch.cn/report/202007/3614.shtml?s=enable.2020-10-12. 笔者根据搜集材料自行整理.

② 参考艾瑞咨询：《2021年中国网络广告年度洞察报告—产业篇》[EB/OL]. https://report.iresearch.cn/report/202109/3844.shtml. 2021-09-10. 笔者根据搜集材料自行整理.

要系统研究我国网络广告的监管问题，就要对我国网络广告政府监管的历史进行纵向的审视以及系统的梳理。只有经过历史的回溯，才能更好地理清网络广告的发展脉络、变化特点和运行规律，查找问题、剖析原因，采取措施、规避风险，切实提高网络广告监管的针对性和实效性，以保障网络广告产业的健康发展。我国的网络广告监管模式的探索实践，是与我国整个网络广告行业的历史发展相辅相成的，对于这一历史进程的回溯，可以从中把握我国网络广告监管工作的成功经验、存在问题，认真分析监管缺失的成因，从而有针对地研究解决监管缺失等问题，这对于指导加强和改进网络广告的监管工作有着重要的现实意义。基于网络广告的发展变化的阶段性特征，我国网络广告的监管历程，大体可以划分为五个时期：失控期、探索期、雏形期、成长期和成熟期。以下将按照这样的一个逻辑顺序，对我国网络广告的监管历程进行回溯与梳理。

（一）我国网络广告监管的失控期（1997—1999年）

自1997年我国第一则网络广告诞生，我国网络广告市场正式拉开了序幕，从零起点开始到逐步突破了亿元的收入规模。网络广告产业作为一种新兴产业，应该说发展历程还不长。面对这种迅猛发展的规模经济，一段时期以来，政府监管部门有些不知所措。在2000年以前，我国针对网络广告的监管实际上是处于失管的“真空”状态，没有相应的规制依据和手段——在针对网络广告的经营资格审查、准入机制、内容审核等诸多方面，都存在着监管缺位的状态，致使网络广告中的虚假广告、不正当竞争等问题日益显现出来。由于当时的技术条件，我国行政监管部门对于网络广告这一新鲜事物还需要一个接触了解的过程，并需要通过实际情况研究考察，找出应对的办法。但是由于我国相关监管部门在这一时期对于网络广告的重视程度不高，关注度仍然放在传统媒体广告方面，相关法律法规并不健全，也缺乏专门的监管措施，造成了这一时期网络广告领域监管的失控状态。一些不法公司和个人利用我国政府行政监管上的漏洞，肆意制造、传播虚假网络广告、违法网络广告，造成了网络广告市场的混乱，引起了广大消费者的不满，对网络经济的发展产生了不良的影响，并开始引起政府监管部门及业内人士对于网络广告监管问题的关注。1999年3月30

日，在由中国互联网络信息中心主办的网络广告研讨会上，来自国家行政监管部门、网络运营商代表以及网络广告相关人士等与会代表就网络广告监管问题进行了热烈讨论，表示要研究出台相关规范性意见，建立相关的监管制度，以期消除网络广告监管的失控。虽然此次研讨达成了许多共识，但从总体上看，在这一时期国家监管部门并没有采取实质性的监管举措。

（二）我国网络广告监管的探索期（2000—2002年）

随着网络广告产业的发展及网络广告市场的形成，政府对网络广告的认识也在逐步加深。为了破解网络广告监管上的失管问题，工商行政管理等部门开始在实际工作中尝试探索网络广告监管的可行性办法。2000年2月24日，原国家工商行政管理总局针对1995年出台的《广告法》难以适用于网络广告的问题，印发了《关于开展网络广告经营登记试点的通知》，开始在北京、上海、广州三座网络广告发展相对较快的城市进行试点和调研，并对相关网络广告公司下发了《广告经营许可证》。2005年5月16日，原北京市工商局在充分征求社会各界意见的基础上，印发了《关于对网络广告公司经营资格进行规范的通告》，成为国内首个网络广告监管的地方规章。同年5月23日，包括新浪、搜狐等全国20多家知名的网络公司通过了原国家工商行政管理总局广告监管司的审核，原国家工商行政总局也正式向这些网络公司颁发了经营广告业务的《广告经营许可证》。这一系列举措，标志着我国行政监管部门对于网络广告的监管的正式起步。3个月后，北京市工商行政管理局正式出台了《经营性网站备案登记管理暂行办法》及具体的实施细则，这是我国网络广告监管历史上的一个标志性成果。2001年3月，北京工商行政管理局又出台了《网络广告管理暂行办法》，针对网络广告的广告主，网络广告内容以及发布的方式进行规范，并与之前建立的HD315网站合作建立了网络广告监管中心，极大提高了网络广告的监管效率。[①]在这一时期，我国各级工商行政管理部门开始在基层执法层面逐步积累经验，对网络广告的监管进行积极有益的探索和研究。相对于之前网络广告监管失控的状态来讲，这一时期政府工商管理部门针对网络广

① 丁莹. 北京为网络广告正式立规［J］. 工商行政管理，2001（08）：50.

告的监管，开始在立法和执法等两个方面都采取了一些实质性的举措。虽然没有对整个网络广告监管模式和体系进行开创性的改革，但也取得了一定的成果。总之，在经历了网络广告监管的失控期之后，我国行政监管部门对网络广告的监管有了一定的认识，并开始在实际工作中尝试探索网络广告监管的可行性办法。

（三）我国网络广告监管的雏形期（2003—2006年）

2003年是我国网络广告行业实现跨越式发展的一个转折点，网络广告从广告主数量、客户规模、收入规模等方面均取得了前所未有的突破。与此同时，随着网络广告这种快速的发展，诸多问题也随之产生，虚假广告、欺诈广告等问题凸显，这无疑为网络广告的发展蒙上了一层阴影，不仅使整个网络广告行业的整体形象受损，更对网络广告行业的可信度造成了不良的影响。在此情形下，我国网络广告的监管问题不仅在理论层面上得到了学术界的关注，更有行政监管部门在实践层面也取得了一定的突破，无论是在政府监管上，还是在行业自我规范上，都得到了很大的加强。

在政府监管方面，工商行政管理等监管部门在加强对网络广告法律规制的同时，也通过行政监管等手段和方式对网络广告实行了监管。2003年5月，国家文化部最早开始颁布实施了《互联网文化管理暂行规定》。2004年9月，北京市工商行政管理局开通了广告监测系统，极大地提高了网络广告监管的工作效率，加大了网络广告监管的工作力度，但这套系统仅处于初级阶段，并不完善。2005年1月，原国家工商行政管理总局同国家信息产业部联合印发了《关于禁止发布含有不良内容声讯、短信息等电信信息服务广告的通知》，明令禁止利用包括互联网在内的各种媒介或形式，发布含有不良内容的电信信息服务广告，对网络广告进行规范。①同年2月，国家信息产业部制定了《非经营性互联网信息服务备案管理办法》，同年9月25日，国务院新闻办同信息产业部，研究制定了《互联网新闻信息服务管理规定》，开始对互联网上的信息服务进行相应的规制。

在行业自律方面，各行业协会与网络广告相关主体自律意识不断强

---

① 关于禁止发布含有不良内容声讯、短信息等电信信息服务广告的通知［EB/OL］. http: //www. saic. gov. cn/saic/zcfg/xzgzjgfxwj/200502/t20050206_46156. html. 2016-10-10.

化，主动接受政府监管部门指导，进行自我规范。2001年5月25日，经国家信息产业部批准，民政部核准注册，我国成立了中国互联网协会，旨在净化互联网环境，营造良好的网络生活平台，这同时也对网络广告的监管起到了积极的作用。2003年8月8日，中国互联网协会向全社会公布了垃圾邮件服务器名单[①]，并通告被公布IP地址的所有者采取积极有效的措施来整治垃圾邮件问题，一时间得到了整个社会的关注。同年9月，搜狐、新浪、网易三大门户网站同时宣布，为响应中国互联网大会关于坚决抵制互联网上有害信息的倡议，正式成立了中国无线互联网行业“诚信自律同盟”，并共同制订了同盟规范，坚决杜绝任何侵害消费者行为的发生，这也标志着我国互联网产业自律工作走上了正轨，极大地推动了我国网络广告行业的规范化发展。

在社会监管方面，这一时期，一些网民开始自发地承担起监管义务，并建立了网络虚假广告监督平台。2003年5月，我国第一家由民间自发成立组建的网络虚假广告监督平台——“广告丑闻报告”正式诞生，通过这个监督平台，定期向广大消费者及时披露网络虚假广告和欺诈广告，提醒消费者加强防范，并提醒网络媒体不与违法广告主展开合作。在“广告丑闻报告”的推动下，越来越多的网民对违法网络广告提高了关注度，同时也提升了广大消费者的维权意识。

（四）我国网络广告监管的成长期（2007—2014年）

从2007年开始，我国网络广告实现了突飞猛进的发展，其涉及领域更广，成本投入更大，受众群体更多，市场规模激增，在突破了百亿元大关之后，仍然保持着高速发展的态势。但是，由于我国网络广告监管机制不健全而引发的问题进一步显露出来，有关行政监管部门在经过了一段时期的探索实践后，对网络广告产业发展及网络广告市场的监管特点及规律有了更为深刻的认识，以市场监督管理部门为主、各相关行政部门协作，加强对网络广告监管的力度越来越大，相应规制的约束力也越来越强，相关行业协会也起着更为积极的作用。

从政府监管的角度来看，我国政府首先完善了网络广告监管的相关法

① 中国互联网协会公布垃圾邮件服务器名单_央视网［EB/OL］. http://www.cctv.com/news/other/20031104/100674.shtml. 2016-10-10.

律制度体系。2012年，原国家工商行政管理总局开始了《广告法》修订的相关准备工作。2014年2月21日，国务院法制办公开向社会征求关于修订《中华人民共和国广告法（修订草案）》的意见，并明确将网络广告纳入修订草案的范围之中。同时，针对网络广告变化速度快、隐蔽性强、传播范围广等特点，我国网络广告的各监管部门还加强了对于监管技术方面的开发，希望能够通过网络技术的提升而达到有效监管和智能监管。为了促进网络广告良性健康发展，原国家工商行政管理总局从2013年3月开始，对各大门户网站、网络交易平台所发布的网络广告进行抽查监测，效果显著。仅2013年，原国家工商行政管理总局通过对网易、腾讯、新浪、搜狐等国内主要网站进行的抽查，就发现网络违法广告34.7万次，占抽查网络广告总量的33%，通过监测而整治的违法网络广告案件为4034起。①在加强自身监管能力建设的同时，2012年2月，原国家工商行政管理总局联合宣传部、国务院新闻办公室、公安部等多部门出台《大众传播媒介广告发布审查规定》，对于大众媒介广告审查员的资格认定、培训程序以及工作职责都做出了详细的规定。2014年1月13日，原国家工商行政管理总局局召开互联网广告监测监管情况通报会。

从行业自律的角度来看，我国网络广告行业也在此时期走上了组织化、规范化的轨道。2007年6月14日，中国广告协会互动网络委员会正式成立，与会的会员单位正式签署了《中国互动网络广告自律守则》（以下简称《守则》）。该《守则》涉及的相关主体包括广告主、网络广告经营者、门户网站、网络交易平台以及其他参与网络广告活动的团体及个人。该《守则》的出台，旨在强化整个网络广告行业的自我约束，维护消费者的合法权益，规范网络经济市场秩序，以促进和保障网络广告行业的可持续发展。2008年12月30日，经过多次调查研究，中国广告协会互动网络委员会又制订出台了《中国互联网广告推荐使用标准》，旨在对网络广告行业进行进一步的整顿和规范。2013年4月8日，中国互联网协会组织相关从业企业共同研究起草了《自律宣言》，希望能够规范网络营销服务，保护

---

① 工商总局监测抽查发现，主要网站广告违法率33%_新华网 http://news.xinhuanet.com/fortune/2014-01/13/c_118950536.htm. 2016-10-15.

消费者上网安全，抵制恶意侵害消费者合法权益等行为；同年12月3日，又发布了《互联网终端安全服务自律公约》，针对互联网软件客户端可能存在的恶意广告、恶意插件等问题作出了具体规范，百度、360、腾讯等提供互联网终端安全服务的8家企业共同签署，其他相关行业企业也纷纷响应。

（五）我国网络广告监管的强化期（2015—2020）

以2015年4月24日十二届全国人大十四次会议表决通过的新《广告法》为标志，网络信息广告被正式纳入国家法律规制的范畴，从而使对网络广告的监管真正步入了常态化、规范化、法治化的轨道，开始进入强化期。2015年9月，在全国"双随机、一公开"监管工作会议中，李克强总理明确指出："要全面推行'双随机、一公开'监管，随机抽取选派执法人员和检查对象，对于抽查结果要及时向全社会公开，是深化简政放权、放管结合、优化服务改革的重要举措，是完善监管过程中，事中监管和事后监管的关键环节。提升监管的公平性、有效性和规范性，减轻企业负担，减少权力寻租。认真贯彻党中央、国务院的决策部署，深化体制改革、推动政府职能转变，为促进经济社会的可持续发展做出贡献。"[①]这对于网络广告的监管工作，有着极大的指导作用。2016年，原国家工商行政管理总局还派遣业务骨干在浙江、上海、广东等网络经济发达地区展开调研，期望通过调研能够尽快开展《互联网广告管理办法》的起草工作，并于7月8日印发了《互联网广告管理暂行办法》，2017年5月2日印发《互联网信息内容管理行政执法程序规定》和《网络产品和服务安全审查办法（试行）》。此外，原国家工商行政管理总局还在此期间印发《现行广告法规汇编》《虚假广告典型案例汇编》等文件，希望能够帮助和指导基层监管部门能够更有效地开展网络广告的监管工作。2019年《网络信息内容生态治理规定》《网络音视频信息服务管理规定》相继出台，制度保障不断强化，《数据安全管理办法》等向社会公开征求意见。法治体系建设加快推进，《电子商务法》《区块链信息服务管理规定》《网络音视频信息服务管理规定》《网络安全审查办法》发布实施，法规政策体系日趋完善。

---

① 全国推行"双随机、一公开"监管工作电视电话会议召开　李克强作出重要批示_人民网 http://cpc.people.com.cn/n1/2016/0922/c64094-28731372.html. 2016-10-30.

除了法律规制的正式纳入，在监管技术层面也开始了新的建设。原国家工商行政管理总局在2014年筹备启动我国广告数据中心互联网广告监测平台建设，希望能够实时监测全国各类网站发布的网络广告，通过对于网络广告发布的实时监测，建立违法广告证据提供、案件交办、立案审查、结果反馈一体化的监管指挥系统。在经历了三年的筹备之后，互联网广告监测中心监测系统目前已经完成第一阶段建设，在2016年底初步形成了基于云计算技术的全国互联网广告监测能力，并于2017年实现对1000家主要网站广告的日常监测，以网管网。

从行业自律角度，2015年3月15日中国广告协会的互动网络委员会协同多家网络平台、网络广告经营商，研究制订了《中国移动搜索互联网广告标准》，以期促进移动互联网广告业的健康快速发展。

至此，我国以政府行政监管为主导的，以行业协会和网络广告企业自律相配合的网络广告监管模式基本成型，并日益强化，不仅极大地推动了网络广告监管工作规范化、制度化建设，而且也为我国网络经济的健康有序发展提供了强有力的相应法律保障和政策支持。

三、国外网络广告监管现状及经验启示

从互联网产生至今，围绕其所产生的话题一直是全世界共同关注的焦点。网络广告作为互联网时代衍生的一种新的经济形式，对于整个网络经济乃至整个世界的经济发展都产生了不可估量的影响。网络广告的发展必须要遵循经济发展的普遍规律，有序、良性的发展才会对网络经济产生积极的影响。因此，对于网络广告的监管问题就成了世界各国需要跨越的难关，我国也不例外。相对于其他国家，我国的网络广告起步较晚，无论是从监管制度，还是监管方式上，相较于西方国家都相对滞后。所以，学习研究国外网络广告监管制度设计、手段方式等，对于我国网络广告监管工作有着非常重要的借鉴意义。笔者也希望通过对国外网络广告监管经验的总结和借鉴，能够将国外监管的先进理念与我国网络广告实际情况相结合，有选择地为我所用，进一步推动我国网络广告行业的可持续发展。

（一）欧盟

网络广告在美国兴起之后，欧洲各国在网络经济发展的趋势下也投入到网络广告的热潮之中。伴随着网络广告的飞速发展，问题也随之产生，欧盟各国也相应出台了监管方面的规定。在法律规制方面，欧盟采取统一立法的方式进行统一监管。2000年，欧洲部长会议建立了电子商务框架治理机制，对于网络广告主体登记作出了相应的规定。2005年，欧盟出台了《关于误导广告和比较广告的指令》，明确：误导广告指以任何形式欺骗或者可能欺骗受众或接触过广告的消费者，并由于其欺骗性可能会影响消费者的经济行为，或因此损害或可能损害其竞争对手的广告。①在欧盟体系下的欧洲各国也根据本国网络广告现实发展状况和行业特点，相继有针对性地制定颁布了一些专门的法律法规。

对于网络广告的监管模式，欧盟各国没有明确的标准，但都依照欧盟制定的相关法律法结合本国实际情况而选择监管模式。其中，最具代表性的是英国和法国的网络广告监管模式。在英国，网络广告监管主要采用行业自律模式。英国的广告行业自律组织经过长时间的发展已经初具规模，相对于其他国家的监管规制也更为完善。英国在网络广告发展的不同阶段建立起来的民间广告组织，相对于其他国家的网络广告行业组织，具有相对的权威性和独立性，是政府监管体系中的重要一环。法国是典型的大陆法系国家，对于网络广告实施的是典型政府主导型监管。希望通过更多立法方面的规制措施，为网络广告监管提供依据和保障。从1998年法国提出网络广告监管的总体意见至今，历经多次的法律调整和完善，创新性地提出了网络广告监管“共管制”的思想：主要的监管主体由政府、国有电视台、消费者协会以及网络广告公司组成RFP（半官方机构），并对于网络广告实施“事前注入”机制，未经审查机关审查通过的网络广告一律不允许发布。同时消费者协会和广告经营者组织了民间广告审查组织（BVP），负责对网络广告活动进行社会监督和检查，这些组织已经成为政府网络广告监管体系下的有益补充。

---

① 转引自安青虎. 1997年10月6日欧洲议会和欧洲联盟理事会关于为将比较广告列入协调范围而修订《关于误导广告的指令》（第84/450/EEC号）的指令［J］. 工商行政管理，2001（（14）：48–51.

（二）日本

日本对于网络广告的监管，是以行业自律为主，国家相关法律法规为行业自律提供制度保障，这种监管策略的核心，就是民间自律监管机制在网络广告监管体系的作用。从法律规制的角度看，日本将广告的监管渗透到各种法律法规之中，虽没有统一的法律法规，但是由于网络广告涉及行业多的特性，将网络广告的监管分散在各个行业的相关法律法规之中：例如日本的《景品表示法》明确禁止不正当交易等行为。《公共竞争规约》则在《景品表示法》的基础上，对有可能违反法律及损害消费者利益的行为进行规制；还有《放送法》第51条规定：广播电视业者在播送收受报酬之广告时，必须设法让消费者得以明确分辨其为广告。

（四）国外网络广告监管经验对我国的启示

从国外网络广告监管情况的介绍中，可以看出如下几点优势。

第一，网络广告法律体系相对完备，同时对于网络广告出现的问题能够及时通过立法的方式来解决。完备的法律规制体系是网络广告监管的制度保障。国外发达国家对于网络广告监管的相关法律工作值得我们借鉴，在法律规制体系上也更加成熟。由于我国对于网络广告的发展时间较短，对于网络广告的研究不够深入，虽然2015年重新修订《广告法》，原国家工商行政管理总局出台了《互联网广告管理暂行办法》，但是就反应速度来看，不及国外网络广告发展较为成熟的国家，法规的制定也处于一个实验的阶段。所以其他国家对立法及网络广告体系的构建，对我国的网络广告监管工作有着重要的参考意义。

第二，建立了相对较为完善的网络广告监管模式，行业自律组织不仅有严格的管理体系，也有成熟的规则章程，甚至在监管力度上超越了政府行政管理部门。在英国法律的授权下，行业自律组织广告标识管理局扩大了自己的职权范围，将网络广告纳入执法范围中，通过对网络广告的监管和审查，进一步保护了本国消费者的权利，维护了网络广告行业的良性发展。西方发达国家采取的是政府行政监管部门监管与行业自律、社会监督有机结合的网络广告监管模式，而我国仍然采用政府主导性监管模式，导致网络广告的监管工作过分依赖政府部门，所以，我国的网络广告行业自律监管模式也应该进一步完善。

第三章　我国网络广告监管现状分析

一、我国网络广告监管的价值取向

在国家的经济体系中，网络广告的发展程度是衡量和检验经济发展状况的一个重要指标。无序的网络广告竞争不仅会干扰一个国家网络经济的健康发展，而且直接损害公民的合法权益、影响社会的和谐稳定。在网络广告市场中，由于相关法律规制的缺失、监管体制不适应以及监管手段的相对滞后，导致了网络广告市场秩序乱象丛生。加强对网络广告的监管是立足于我国“依法治国”的基本方略、推进国家治理体系和治理能力现代化的必然要求和具体体现。针对网络广告市场的发展状况及面临的实际问题，坚持依法依规确定对网络广告实施有效监管的原则，加快推进我国网络广告监管体系建设，切实完善网络广告监管的各项规制措施，保证网络广告行业的健康发展，已然成为推进国家治理体系和治理能力建设、提高网络广告监管水平一个必然的逻辑选择。

（一）体现治理能力现代化的发展走向

中共十八届三中全会作出了全面推进依法治国的重大决策，具体提出了推进国家治理体系和治理能力现代化，创新社会治理体制，深化行政体制改革，建设法治政府和服务型政府等重大改革措施。在某种意义上说，在信息社会，政府的管网、治网能力建设不可或缺，这也是衡量当今时代政府执政能力强弱的重要标志。电子政务建设是新时期我国党和政府执政的新形态，对提高党和政府的网络执政能力建设具有重要意义。网络广告作为网络经济的重要内容，对网络广告市场的管理能力如何，直接体现着政府调控经济的能力，科学规范网络广告市场的健康发展是政府治理能力现代化的重要任务。[①]在我国传统的广告市场上，政府对于传统媒体广告的监管还是比较有力的，可以有效规避广告的违法违规行为，网络广告发展起来后，由于监管的法律规制和政策措施跟不上，难以避免地出现了虚假网络广告和网络广告的不正当竞争行为。扰乱了网络广告市场的正常秩序，干扰人们的日常生活，危害市场经济的健康发展，在某种程度上也影响着消费者的合法权益及社会的和谐稳定，这无疑是对我国政府治理能力的一项重大考验。

1. 网络广告的行政监管问题首先是对我国政府治理智慧的一种考验

网络广告监管是新媒体时代我国政府治理面临的新课题，如何转变传统的管理理念、管理方式，以现代管理理念和管理方式应对网络广告的监管工作，切实提升网络广告的治理能力，是当下我国政府需要认真考虑的问题。网络空间的开放，网上网下的交融互动，拓宽了我国传统社会的边界，治理的难度和复杂程度都随之提高。这就要求我国政府要加强对于网络广告这一新领域的研究 和探索，在传统监管手段达不到治理效果的时候转变思维方式，从行政监管体系入手，厘清权限职责，开拓监管路径，创新监管方式，对现有行政监管体制进行改革，从传统的单向政府行政管理向政府主导、多元共治的现代治理转变，在加强政府制定法律规制、行政监管作用的同时，注重发挥好网络广告行业自律、网络平台企业自律、社会监督的作用。要坚持监管与发展相统一，增强网络广告企业自我发展、自我管理、自我约束的内生动力。处理好政府与市场、政府与社会的关系，把该放掉的权力放掉，把该管的事物管好，激发市场主体创造活力，增强经济发展内生动力。[②]

2. 网络广告的行政监管问题也是对我国政府执政能力的考验

我国政府在社会治理方面可以说已经形成了一套切实可行的制度体系，但是网络空间不同于传统的现实社会，互联网的虚拟性、隐匿性、无限性以及风险性等，不但打破了传统社会的治理范式，颠覆了传统的治理

① 于华，史焕高. 加强政府网络执政能力建设——从国家治理体系和治理能力现代化角度［J］. 党政研究，2014（02）：71-75.

② 王子约. 国务院月内三提简政放权，审批下放名单或6月公布［N］. 第一财经日报，2013-05-30.

理念，更对我国政府治理体制和能力提出了现实的考验，这无疑也是实现“国家治理体系和治理能力现代化”所必须要跨越的一个重要关口。政府规范引导市场经济的能力，在当下很大程度上体现在对网络广告市场的规范引导上。网络广告问题治理不好，何谈国家治理能力的现代化呢？所以，各级政府行政监管部门必须要从自身做起，加强对于网络广告市场这一新领域的研究和学习，关注信息网络技术与能力建设上的差距和不足，大胆探索实践网络广告监管的有效路径和具体措施，及时总结网络广告监管工作中的经验教训。要坚持把现代治理理论与网络广告行业监管的实际情况相结合，将推进网络广告产业发展和有效监管网络广告行为有机地统一起来，在立法、执行、司法等各个环节有效规制网络广告活动，全面提升政府监管和国家治理网络广告的能力水平。

网络广告监管到治理是新媒体时代的必然要求。新媒体正在全方位深入渗透社会生活之中，对社会政治的影响更加现实和重要。在信息传播方面，今天的互联网搜索引擎、微博客与门户网站的新闻页面，已经并列为网民获取信息的三大通道。在信息渠道对人们影响的调查中，互联网首选率为86.8%，已经成为民众获取信息的首选。[①]在民意表达、对话方面，移动互联网进一步解放了民众个性化的诉求和表达，使我们的社会进入名副其实的大众麦克风甚至大众摄像头时代，极大地激发了用户政治参与与互动的热情，促成移动空间公共领域的成熟。目前，“两微一端”即微信、微博、客户端以及短视频平台已经广泛应用到中央和地方各级政府的政务活动之中，成为不可或缺的工作平台。其中政务微博的数量在2020年底已经达到177437个，其中政务机构官方微博140837个，公务人员微博36600个，成为电子政务的主要渠道。[②]在社会动员方面，新媒体的发展日益突破了时间、空间和文化等因素的制约，使每一个网民都可以成为信息传播源，并拥有相应的话语权。云端不仅侧重深入社会各阶层和各领域的庞大

① 刘晓倩，牛晓耕．“互联网+”背景下中国居民对信息获取渠道的选择及影响因素——基于CGSS2015数据的分析［J］．农业图书情报．2019（06）：40.

② 2020年政务微博影响力报告_人民网［EB/OL］．https：//baijiahao. baidu. com/s?id=1689861090820051477&wfr=spider&for=pc2021-2-20.

手机人群体，还赋予了网民的话语权，几乎占我国人口总数2／3的网民和“新意见阶层”已经成长为一个新的“政治压力”集团，网络空间已经成为社会动员的沃土。

网络媒体的政治功能对党和政府执政的影响也是举足轻重。如今，网络不仅是媒体，也是意识形态，已经成为思想文化信息的集散地和社会舆论的放大器。新媒体时代网络的开放性、匿名性、互动性，使人们思想活动的独立性、选择性、多样性、差异性明显增强了，文化传播正在进入“群言”时代，形成微博上的“百家争鸣”，这使主流意识形态受到了前所未有的冲击。新媒体不仅是技术，也是执政资源。过去的信息资源是“上多下少”，呈倒“金字塔”式，而信息传递则是根据密级的不同，以会议或文件等方式，从下往上按“金字塔”型逐级传递。新媒体时代，信息量的倒“金字塔”反过来了，传统的组织活动方式和执政方式受到严重挑战。在传统媒体时代，受众往往是被媒体牵着鼻子走的。在新媒体时代，每一个网民可以自己设立、编辑新闻议题，每台电脑、每部手机，都是一张捂不住的嘴，在网络上品头论足，发表不同主张和意见，尤其是众多网络“大V”的舆论影响更是不可小觑。党和政府的任何政策、措施以及社会公共舆论话题都会在网络空间经受网民的监督与评论。虽然网上的声音不代表所有民意，网络舆情不等于所有民情，但网络的力量不可忽视。今天的网络媒体是每个国家、每一位政治家都不容忽视的技术平台，希拉里·克林顿竞选总统宣传片《我想成为冠军》之所以在网络上走红，就在于互联网的迅速发展给民众对政党和政治人物的认同带来了重大影响，不仅是社会公众对政治的心理认知和评价有了很大改变，而且在政治参与的行为方式上也都发生了很大改变。由网络舆情引发和助推的社会突发事件一再证明，网络舆情中一些失当的行为和负面的影响都会引发连锁反应，被人视为一种普遍现象，产生多米诺骨牌效应。比如，一些领导干部的不良作风和腐败行为，常常会被网民在网络上渲染和放大，致使社会公众对整个干部队伍的评价失之偏颇，直接影响了党和政府的公信力。正如微博CEO王高飞所说：“驾驭新媒体已经成为政府执政能力的新标志，在日常工作中充分运用新媒体逐渐成为政府工作的新常态。”①

（二）适应“依法治国”的基本方略

在当今这个网络科技飞速发展的时代，网络信息技术对于国家政治、经济、社会和文化等各方面的影响都是无法估量的。伴随着互联网技术的不断升级换代及其对经济社会生活的广泛融入和渗透，网络经济随之应运而生并急剧增长。网络广告作为网络经济的重要内容，也在日益深入地影响着市场环境和人们的生活方式。当代中国拥有世界上最大的网民群体，网络经济规模十分庞大。适应建设“法治中国”的客观要求，坚持依法管网、依法办网和依法用网，以法治理念和法治手段规范网络广告市场秩序，确保网络经济活动包括网络广告行为在国家法律法规的范围内有序运行，这不仅是保障市场经济健康发展的现实需要，也是国家实施“依法治国”方略、推进政府依法行政的题中应有之义。

1. 加强网络广告监管是推进国家依法治网的必然要求

随着互联网在社会生产生活中的广泛应用，人们的生活方式已经悄然改变，人们的现实生活和网络空间已经交织在一起，密不可分，网络空间可以说已经成了承载我们日常社会关系的重要载体，网络广告正以一种与网络如影随形的方式在网络空间中不断地滋生、成长、传播与扩散，发展可谓一日千里。由于网络广告的特殊性，原有的主要针对传统媒体广告管理的《广告法》，在规制网络广告上有很大的局限性，法律规制存在一定的缺陷和缺失，这也直接导致了政府行政管理部门对网络广告进行监管执法出现“执行难”的问题。网络虚拟社会的形成，在某种意义上讲也是现实社会的缩影，对国家治理提出了新的现实要求。推进依法治国必须重视解决好依法管网、治网问题，而依法管网、治网一个突出问题就是要解决好依法监管网络广告的问题。而解决政府监管部门对网络广告的监管缺失问题，其前提是推进针对网络广告监管的法律规制，换句话说，法律规制是行政规制、行业治理、社会监督的前提和基础，只有建立健全网络广告监管的法律规制，才能真正实现有效的行政监管，真正做到有法可依、依

① 政务微博已经进入3.0时代[N]. 光明日报，2015-02-07.

法监管。所以，只有推进网络广告监管的法治化建设，将网络广告行业的行为都纳入法律规制的范畴，才能从根本上提高网络广告依法施政、依法监管的能力，提升政府依法治网的科学化水平。

2. 加强网络广告监管是实现网络空间法制化的有效途径

网络广告作为网络生活中的重要组成部分，它的发展与国家的网络安全和政府的科学监管有着密不可分的关系。要规范网上行为、净化网络空间、建设网络生态，最根本的路径还是要依靠法制作保障。而实现网络空间的法制化，包括公民依法上网和政府依法管网，都涉及网络广告的监管规制问题。可以说，依法监管网络广告既是网络空间法制化建设的一项重要内容，也是实现依法管网、治网的一条有效途径。不可否认，网络广告的出现与传播为人们的生产生活带来了许多便利，也有力地推动了网络经济的发展。但是，由于网络广告所具有的虚拟属性，使网络广告不仅容易被不法分子用于制作发布和传播虚假广告信息，造成对消费者权益的侵害，也容易成为现实社会的不稳定因素，给政府的行政监管和社会治理工作带来极大的挑战。坚持依法治国、依法治网的方针，实现网络空间的法制化，治理虚假网络广告，净化网络生态，要做的工作很多，涉及网络监管的法律法规、网络平台管理、广告行业治理、监管技术手段升级等各个方面，是一项十分复杂的系统工程。坚持问题导向，从解决网络广告监管入手，通过依法治理网络广告问题，实现网络广告的有效监管，不仅是推动网络空间法制化建设的一个重要突破口，也是一条有效的实现路径。换句话说，解决不了依法监管网络广告这一问题，实现网络空间的法制化一切都无从谈起。

3. 符合国家现行法律法规的规制要求

2015年，国家重新修订的《广告法》已经把网络广告的经济行为纳入法律规制的范围之内，使市场监督部门及行业主管部门针对网络广告的监管工作有了基本的法律依据，政府监管网络广告开始依照国家的现行法律来进行。另一方面，对于网络广告经营者及各大网络平台制作、发布和传播网络广告，也必须遵循《广告法》的有关规定，来开展网络广告的经营活动。尽管新修订的《广告法》对于网络广告的监管有了初步的界定，但由于网络广告的形态复杂多样、技术手段更新升级快速，有些行为一时难以进行明确界定，细节规定得不够具体，使得政府监管部门在实际工作中很难有效地规制和监管网络广告的违法行为，造成了网络广告市场乱象丛生，魏某西事件反映出来的网上信息失真问题就是一个比较典型的案例。正是在这种背景下，2016年7月8日，原国家工商行政管理总局正式颁布实施了《互联网广告管理暂行办法》，明确提出了针对规范我国网络广告行为、净化网络广告生态、依法保护消费者权益，作出了具有可操作性的具体规定，为网络广告市场的监管提供了更具可操作性的法律武器。

随着网络科技的不断发展壮大，传统媒体已经不再是广告传播的主要媒介，各种网络新媒体的网站、微博、微信、网购平台、短视频平台等企业也成为广告的提供者，而这一点往往被中国网民和媒体所忽略，由此而来，一些隐性的广告服务提供者则成功地规避了监管。在法律规章层面，我国新修订的《广告法》，特别是《互联 网广告管理暂行办法》的颁布实施，对于我国网络广告监管工作来说是一个历史性的进步，标志着我国网络广告的监管真正走上了常态化、规范化和制度化的轨道，但是从网络广告监管的现实情况来看，难题仍然很多，治理的形势依然很严峻。坚持依法依规对网络广告进行法律规制、行政监管、行业自律、企业自律和社会监督，是当前和今后一段时期我国网络广告监管工作面临的一系列重要课题。要坚持理论研究与实践创新相结合，在不断地创新实践中，不断完善新《广告法》和《互联网广告管理暂行办法》的具体条款，不仅要完善原则要求，更要注重完善程序手段，执行和落实好两部法律法规，建设形成网络广告发展的良好市场生态，切实保障我国网络广告产业的可持续健康发展。

二、我国网络广告监管的法律基础

我国网络广告产业的快速发展是我国网络经济蓬勃发展一个新的增长点和重要标志，极大地促进了我国经济发展的转型升级，同时也为我国现行的管理体制带来了深刻的影响。在我国网络广告产业发展历程的回顾中，我们不难发现，网络广告的发展速度过快，不可避免地会对我国现行的广告法律制度造成冲击。就目前的情况来看，规章制度建设已然落后于网络广告的发展。本章通过对网络广告相关法律制度体系进行归纳与梳理，系统地总结出我国网络广告监管的现行法律规制——它主要由四个层级构成：网络广告相关法律、行政法规、行政规章以及司法解释。

（一）法律层面

1. 广告法

我国现行的《广告法》是于1995年2月1日正式颁布实施的，但是，由于《广告法》已经不能满足广告产业发展的现实需要，所以，国家于2015年重新修订了《广告法》，旨在进一步规范广告行为，保障消费者权益，维护社会经济秩序，促进市场经济的有序发展。2021年4月29日第十三届全国人民代表大会常务委员会第二十八次会议对《广告法》进一步修订。《广告法》是规范我国广告经营活动、广告相关主体以及政府相关职能部门实施监管和治理的法律基础。《广告法》作为我国广告监管法律体系的核心法律，不仅是制定网络广告相关行政法规、监管部门规章、地方性规定的法律基础，也是网络广告监管过程中司法和执法的重要依据。比如，新修订的《广告法》第四十四条、第四十五条、第六十三条、第六十四条，对网络广告的行为以及对于违法网络广告的处罚，都有了相应的规定。例如，新修订的《广告法》第六十三条规定：利用互联网发布广告，未显著标明关闭标志，确保一键关闭的，由工商行政管理部门责令改正，对广告主处五千元以上三万元以下的罚款。要想保证这些针对网络广告的规定有效执行，还需要有与之相配套的具体实施细则，否则，很难摆脱在实际监管工作中落不实、执行难的局面。

2. 反不正当竞争法

为了规范市场主体行为，规制不正当竞争活动，保证正常的市场经济秩序，维护企业和消费者的合法权益，1993年9月2日，全国人大常委会正式通过了《中华人民共和国反不正当竞争法》（以下简称《反不正当竞争法》）。这部法律对于市场经济活动中的各种不正当竞争行为不仅作出了明确界定，而且对违法行为的规制和处罚作出了具体规定。网络广告经济活动作为市场经济活动的重要组成部分，自然在《反不正当竞争法》的规制约束的范围内。比如，其中第二十四条的有关规定对于网络广告的虚假宣传行为，具有同样的约束效力。但客观地讲，《反不正当竞争法》对于网络广告的监管主体、监管客体只做了一般性的规定，对于网络广告问题有着方向性的指导意义，但是对于《反不正当竞争法》中所提及的“监督检查部门”却没有给出明确的具体说明，这给具体的监管执法工作造成了权责不明的问题。

3. 消费者权益保护法

《中华人民共和国消费者权益保护法》（以下简称《消费者权益保护法》）是1993年10月颁布实施的，事隔十年之后，2013年10月，全国人民代表大会对这部法律进行了进行重新的修订。《消费者权益保护法》规定的监管主体是行政主管部门。根据后法优于先法、特殊法优于普通法的原则，《消费者权益保护法》更多的是为《广告法》奠定基础，所以在相关概念的界定上范围更宽泛。

4. 网络安全法

《中华人民共和国网络安全法》（以下简称《网络安全法》）是为保障网络安全，维护网络空间主权和国家安全、社会公共利益，保护公民、法人和其他组织的合法权益，促进经济社会信息化健康发展制定，由全国人民代表大会常务委员会于2016年11月7日发布，自2017年6月1日起施行。《网络安全法》是我国第一部全面规范网络空间安全管理方面问题的基础性法律，是我国网络空间法治建设的重要里程碑，是依法治网、化解网络风险的法律重器，是让互联网在法治轨道上健康运行的重要保障。

5. 电子商务法

在2018年8月31日的第十三届全国人民代表大会常务委员会第五次会议上，由全国人大常委会表决通过了《中华人民共和国电子商务法》（以下简称《电子商务法》），这标志着该法律草案经过四次审查之后正式发布，该法律于2019年9月1日起施行。这标志着我国已从立法层面开始整顿电商乱象，保护消费者权益。在《电子商务法》中，显然解决了不少社会热点问题，诸如搭售无提示、押金不退还、大数据“杀熟”、个人信息泄露等社会反响强烈的问题都做了具体的规范，并少见的专门用一章的内容（第五章“电子商务促进”）来阐述国家对电子商务行业发展的大力支持和促进。

以上几部法律是我国网络广告监管的最基本法律依据，奠定了我国网络广告法律规制的基本架构，为国家行政管理部门有效监管网络广告提供了制度保障。鉴于网络广告本身所涉及的范围十分广泛，内容十分庞杂，结构又十分复杂，以上几部基本法律并不能涵盖网络广告监管工作的所有方面，必须与国家颁布的其他法律相互配合、共同发力，才更具法律效力，如《宪法》《刑法》《食品安全法》《电子签名法》等，这些法律在网络广告监管活动过程中都起着直接或者间接的作用，也是我国网络广告监管法律体系中的重要组成部分。

（二）司法解释层面

除了上述国家法律之外，司法解释对于我国的网络广告的监督管理也起着至关重要的作用。2001年7月，最高人民法院公布了“审理网络域名民事纠纷适用法律若干问题的解释”的司法解释，其中，对于利用网络域名进行不正当竞争，以及恶意使用网络域名，都做了详细说明。例如，其中的第4条明确列举了认定注册、使用域名等行为构成侵权或者不正当竞争的条件。2014年10月，最高人民法院又公布了“最高人民法院关于审理侵害信息网络传播权民事纠纷案件适用法律若干问题的规定”，其中有相关规定适用于网络广告的监管活动。比如，第2条规定：利用信息网络侵害人身权益提起诉讼的法院管辖问题；第17条规定：被侵权人可以依据《侵权责任法》对网络用户或者网络服务提供者侵害人身权益提起诉讼。2019年10月，最高人民法院公布了《最高人民法院、最高人民检察院关于办理非法利用信息网络、帮助信息网络犯罪活动等刑事案件适用法律若干问题的解释》，旨在为依法惩治拒不履行信息网络安全管理义务、非法利用信息网络、帮助信息网络犯罪活动等犯罪，维护正常网络秩序。可见，这些司法解释对于帮助行政监管部门执行，审理涉及计算机网络域名注册、使用等行为，规制网络广告活动，同样起着保护网络广告主体公平竞争、维护网络市场秩序的重要作用。

（三）行政法规层面

在《广告法》颁布之前，早在1987年，国务院曾经出台了《广告管理条例》。1994年，全国人大在审议《广告法》时，发现该条例在细节方面存在着一定的缺憾，但是为了保障我国广告法律体系的完善，《广告管理条例》将作为《广告法》的补充继续存在[①]，对于非商业广告同样具有法律效力。这也意味着网络广告监管部门可以依据《广告管理条例》，对一些违反行业规范的行为实施必要的行政处罚，这对治理网络虚假广告和制止网络广告市场中的不正当竞争有着重要的现实意义。1996年，国务院印发《中华人民共和国计算机信息网络国际联网管理暂行规定》，为了加强对计算机信息网络国际联网的管理，保障国际计算机信息交流的健康发展。2000年9月，国务院印发《互联网信息服务管理办法》，规范互联网信息服务活动，促进互联网信息服务健康有序发展。

2013年，国家出台《信息网络传播权保护条例》，为保护著作权人、表演者、录音录像制作者（以下统称权利人）的信息网络传播权，鼓励有益于社会主义精神文明、物质文明建设的作品的创作和传播。2006年5月10日，温家宝同志主持召开国务院常务会议，审议并原则通过《信息网络传播权保护条例（草案）》。《信息网络传播权保护条例》（以下简称《条例》）自2006年7月1日起施行。《条例》共27条，包括合理使用、法定许可、“避风港”原则、版权管理技术等一系列内容，更好地区分了著作权人、图书馆、网络服务商、读者各自可以享受的权益，网络传播和使用都有法可依。

2014年8月，国务院印发《国务院关于授权国家互联网信息办公室负责互联网信息内容管理工作的通知》，为促进互联网信息服务健康有序发展，保护公民、法人和其他组织的合法权益，维护国家安全和公共利益，授权重新组建的国家互联网信息办公室负责全国互联网信息内容管理工作，并负责监督管理执法。

---

① 刘凡. 中国广告业监管与发展研究［M］. 北京：中国工商出版社，2007：41.

（四）行政规章层面

1. 部委规章

在我国现行的广告法律制度体系中，除了国家法律和行政法规之外，还包括许多有国务院各部委及地方政府制定的行政规章，以及网络广告的主要监管部门——国家市场监督管理总局所颁布的其他规范性法律文件。比如，原国家工商行政理总局出台的《广告经营许可证管理办法》《广告管理条例实施细则》《广告语言文字管理暂行规定》《关于按照新修订的〈广告管理条例施行细则〉调整有关广告监管规章相应条款的决定》等。此外，还有国家工业和信息化部发布的《非经营性互联网信息服务备案管理办法》《规范互联网信息服务市场秩序若干规定》等，都是我国网络广告监管工作必须要遵循的部门规章。原国家工商行政管理总局在充分调查研究的基础上，组织人员开始起草有关网络广告管理的文件。期间几易其稿、反复修改，终于见到成果。2016年7月，原国家工商行政管理总局在新修订的《广告法》实施不到一年的时间里，正式对外颁布了《互联网广告管理暂行办法》。这个文件总共有29条，所涉及的具体管理规定，都是对新修订的《广告法》的具体细化。比如，互联网广告的概念、类型，广告标识，互联网广告发布者，互联网信息服务提供者对利用平台发布虚假广告制止义务，“广告联盟”（程序化购买）的各方义务和责任，对互联网广告违法行为的管辖权，等等，都作出具体明晰的规定，从而真正使政府管理部门依法监管、依法查处网络广告工作落到了实处。这是我国第一部全面规范互联网广告行为的部门规章，对于提升我国网络广告依法监管的科学化水平，具有十分深远的意义。2017年5月2日，国家互联网信息办公室同时印发了《互联网信息内容管理行政执法程序规定》和《网络产品和服务安全审查办法（试行）》，旨在提高网络产品和服务安全可控水平，防范网络安全风险，规范和保障互联网信息内容管理部门依法履行职责，保护公民、法人和其他组织的合法权益，维护国家安全和公共利益。

从1988年到2020年，涉及网络广告监督管理的各项部门规章约有24部，其中，国家市场监督管理总局（含原国家工商行政管理局、原国家质量监督检验检疫总局、原国家食品药品监督管理总局等）单独发布的部门规章有13部，国家互联网信息办公室发布的部门规章有6部，工业和信息化部发布的部门规章有2部，内容涉及网络广告准入登记、网上交易的指导、电子商务的规范发展、虚假违法广告的专项整治、网络商品交易及有关服务行为管理、广告发布登记管理、互联网信息搜索服务等方面。这些部门规章与之前提及的《广告法》《反不正当竞争法》《消费者权益保护法》《网络安全法》《电子商务法》等基本法律，虽然规制的权限范围有所不同，但相互补充，不可或缺，形成了我国广告法律规制的一整套制度体系，构成了我国网络广告法律规制系统的基本架构。尤其是，这些部门规章对于我国网络广告的监管活动都具有很强的针对性和可操作性。同时，由于网络信息技术的不断升级，网络广告的不断变化，这些规章也处于不断充实、完善的过程中，这也是我国网络广告监管体系中最为灵活的部分，体现了我国法律规制和行政规制的实践特色。

2. 地方政府规章

网络广告管理的地方政府规章，是基于我国地区广告市场发展不平衡、广告监管工作基础不同的情况下制定的，旨在有针对性地解决各地区网络广告监管的实际问题，抑或处理某些特定消费者群体的倾向性问题。这些地方性法规都具有因地制宜的特点，是网络广告监管法律体系的重要补充，也为进一步完善网络广告相关法律提供了有益的实际经验。目前，我国各地区都在根据网络广告发展的实际情况做着积极的尝试，并且也取得了阶段性的成果。2000年5月，原北京市工商行政管理局下发专门通知，开始对网络广告经营者的经营资格进行规范。2002年8月，再次印发《经营性网站备案登记管理暂行办法》和《经营性网站备案登记管理暂行办法实施细则》，开始对经营性网站实施统一备案登记制度。2001年3月，正式印发《北京市网络广告管理暂行办法》，这是我国首次对网络广告进行法律规范的地方性规章，为其他地区相关法规的制定提供了样本。2008年1月，浙江省又出台了相应的《广告管理条例》，将网络广告列入省级工商行政管理部门的监管范围，并制定了有针对性的管理办法。2020年9月，浙江省市场监督管理局印发了《浙江省广告条例》，对网络广告的准入机制、内容审查等进行了规范。除北京、浙江两省市外，其他省份也在地方政府的权限内，根据相关法律制定了不少地方性规范：比如，《江苏省广告条例》《重庆市新闻媒体广告管理条例》《甘肃省广告监督管理条例》等，也都对网络广告的监管做出了一些相应的规定。

三、我国网络广告治理的基本原则

日本学者植草益认为："现代意义上的监管是指依据一定的规则，对构成特定社会的个人和构成特定经济的经济主体的活动进行限制的行为。"[①]可见，对于网络广告活动的监管，就是监管主体依照国家相应的法律规制，对网络广告主、网络媒体企业、网络广告经营者的经营活动进行的约束、限制、处罚等活动。

在政府行政监管的过程中，依法行政的理念一直贯穿于监管活动始终。《行政法》的基本原则是相关监管规范的制定，以及行政监管活动的法律准则。这也是《行政法》存在的根本价值，对于行政监管活动具有指导和规范的意义。网络广告的监管行为作为行政监管活动中的一项重要内容，同样也要依法进行监管。网络广告监管作为行政监管的具体领域，当然也离不开《行政法》基本原则的引领和指导。目前国内学术界对于《行政法》的基本原则仍然没有普遍认可的共识性结论，但是，目前被业内认可的一种说法，是国内学者周佑勇教授所提出的《行政法》三项基本原则。他在国内现有理论的基础上，将《行政法》的基本原则确立为：行政法定、行政正当和行政均衡。[②]笔者在梳理总结我国网络广告监管现有的认识成果和实践成果基础上，适应《行政法》的主要原则和依法行政的有关要求，将网络广告监管的基本原则归纳为：网络广告行政监管的合法性与合理性等两大基本原则。

（一）合法性原则

中共中央十八届四中全会做出了全面推进依法治国的战略部署，具体提出了"深入推进依法行政，加快建设法治政府"的改革目标。习近平总

① ［日］植草益. 微观规制经济学［M］. 朱绍文译. 北京：中国发展出版社，1992：1.

② 参见周佑勇. 行政法基本原则的反思与重构［J］. 中国法学，2003（04）：9–10.

书记在《中共中央关于全面推进依法治国若干重大问题的决定》所做的说明中具体解释说："各级政府必须坚持在党的领导下、在法治轨道上开展工作，加快建设职能科学、权责法定、执法严明、公开公正、廉洁高效、守法诚信的法治政府。"①可见，执政党对于依法行政的合法性标准已经基本上形成共识。什么是依法执政？具体来讲，就是要做到"五个合法"：行政主体合法、行政权限合法、行政内容合法、行政程序合法和行政方式合法。这些权威性说明，对行政的合法性内容界定都是十分明确的。所以，此处所讨论的合法性原则，仅针对网络广告行政监管领域，其他不做探讨。

1. 网络广告监管合法性原则的含义

国家行政管理部门针对网络广告的监管，首先必须要秉承行政法对政府行政行为的合法性原则，具体来说，就是行政管理部门对网络广告进行监管的执法依据、主体资格、监管权限、监管程序、处罚方式等方面都必须是合法的，只有上述这些具体要求的实现，才是真正做到依法行政。网络广告监管的合法性原则，要求必须首先明确网络广告监管行政管理部门的权力来源、权力运行的法律依据，这是政府行政管理部门实施监管的大前提。否则，任何超越法定职权之外的监管行为，都是不具备法律效力的违法违规行为。如果无权施用监管行为，不仅要承担法律上的责任，还应该受到法律的追究。

当代通信技术发展非常快，更新升级的速度令人应接不暇。依托网络新媒体的网络广告的类型、方式也愈发繁杂起来，其暴露的问题也越来越多，如果不能对其进行及时有效的监管和规制，必然会造成网络广告市场的无序、虚假网络广告的泛滥，广告间的恶意竞争也在所难免。政府监督管理部门的任何行政监管执法行为，包括对网络广告监管的监管行为，都必须以法定的行政职权为前提，而行政职权必须由国家的法律来赋予。没有法律的授权和设置，行政职权就不具有法律效力。也就是说，网络广告监管工作必须要坚持行政职权来源的合法性的原则。同时，不仅监管职权

---

① 中共中央关于全面推进依法治国若干重大问题的决定_中央有关文件_政策_中国政府网［EB/OL］. http://www.gov.cn/zhengce/2014-10/28/content_2771946.htm.

的来源是法定的，权力的运行方式和形式手段也必须是合法的。网络广告监管工作的关键在于监管职权的合法性施用，只有依法用权、施政执法，才会使政府监管部门具备网络广告监管的职能，并承担起相应的主体责任。

2. 网络广告监管合法性原则的必要性

从总体上来讲，确立网络广告监管的合法性原则，是依法治国方略的内在要求，也是依法行政的具体体现。从理论层面上确立网络广告监管的合法性原则，有利于有效规制和约束监管主体的监管行为，为政府工商管理等部门依法行政确立基本理念和制度规范。首先，网络广告的产生本身就给行政管理部门的监管工作提出了巨大的挑战，但是无论监管工作多么困难，监管部门仍必须要坚持在监管工作过程中的合法性原则，必须将合法性原则与实际情况相结合，唯有如此，才能保证行政职权无法越界行使。其次，确立网络广告监管的合法性原则，可以在行政执法的实际工作中更好地规制行政主体的监管行为。对于产生时间较晚、传播方式较新的网络广告，如何真正地做到依法行政、依法监管，是监管部门当下面临的一个难题。通过对于监管合法性原则的确立与贯彻，可以对监管部门的监管行为作出明确的界定，对于侵害相关主体的监管行为加以制止，依法保障网络广告主、网络媒体企业和网络经营者的合法权益，对于保障和推动网络广告的良性发展无疑有着十分重要的意义。一般来说，在同等条件下，法律要比其他部门规章更具权威性，不能以部门规章来代替法律的首要地位，网络广告的监管同样也必须坚持合法性原则，制定行政部门规章或地方条例，不能与《广告法》《反不正当竞争法》《消费者权益保障法》《网络安全法》《电子商务法》等上位法相抵触，运用行政手段监管网络广告的监管行为必须在法律法规的范围内施行。

3. 网络广告监管合法性原则的基本要求

依据网络广告监管的合法性原则，网络广告的监管职能部门在履行监管职能的工作中，必须要体现以下几项基本要求。

第一，政府行政管理的监管主体资格及执法权限授权合法。现行的《广告法》中对于网络广告的监管主体有明确的规定，就是政府各级市场监督管理部门，以及与网络广告内容相关的其他行业主管部门。未经《广告法》授权的任何组织、部门或个人，都无权对网络广告活动进行规制和监督。即使有相应的监管执法部门根据实际工作需要，临时委托某些组织和个人开展与网络广告管理工作有关的具体业务，但这种委托不具备法律效力，被委托的组织和个人自然也无法定资格开展网络广告的监管活动。还有，具有法律授权的各类行政管理机关和部门，其职权范围都是有明确界定的，超越职权范围的监管行为都是法律所不允许的侵权行为。比如，宣传部门、卫生部门、食药监部门、农业部门、工信部门等都有各自的法定职责，应该各司其职、各负其责。市场监督管理部门不能代替主管部门进行审查和管理，各部门也不能超越职权范围代替工商行政管理部门的法定监管资格。

第二，政府关于网络广告的行政规制必须符合法律至上的要求，保证法律的优先地位，不能与《广告法》等基本法律相违背。可以说，法律优先原则确保了法律对于行政法规和规章制度的优越地位，行政法规不能与法律相冲突。同时政府行政机关或地方政府立法必须按照法律规定所保留的事项原则，以国家的有关法律作为制定行政监管部门规章或地方规章的前置条件。在承认国家法律权威的基础上，可制定并发布具体的行政部门规章，但不能与上位的法律规定相抵触。比如，2016年原国家工商行政管理部门制定的《互联网广告管理暂行办法》，以及有关网上信息搜索服务管理的规定等，都是在全国人大通过的《广告法》框架内制定的，因而也符合网络广告监管的合法性原则，具备了行政规制的法定效力。

第三，政府行政管理部门有关网络广告行政监管的程序和方式必须合法。对网络广告监管的法定原则的实现，是以严格的法定程序为保障的。网络广告的监管程序，必须按照《广告法》和《互联网广告管理暂行办法》及有关具体执法规定实施监管规制活动，严格按照具体程序办事，切实做到公开、公平、公正，符合法定的程序，监管执法方可有效。在实施监管的过程中，所采用的具体方式和相应的执法手段，也必须是法律法规所允许的。对网络广告发布者或网络媒体平台实施行政处罚时，以非法的手段获取的数据和资料，从严格意义上讲，因为违背了程序和方式的合法性原则，所以是不具备法律效力的。

（二）合理性原则

对于行政行为的合理性原则的探讨一直没有统一说法，理论界定有很多，但无法达成共识。2004年8月31日，国务院颁布了《全面推进依法行政实施纲要》，对合理行政作出了权威的具体解释。[①]这个权威解读说明，首先行政机关在做出合理性行政行为时，其目的必须是正当的，符合法律的目的，这也是合理性原则下的正当性原则。其次，合理行政要平等对待行政管理相对人，相同情况要相同对待，不同情况要区别对待，这就是所谓的公平行政，也称之为公平原则。最后，在实施行政行为的过程中，行政机关的措施和手段必须符合法律规定，不受其他因素的干扰，这就是所谓公正行政，也称之为公正原则。网络广告监管的合理性原则同样要通过正当性原则、公平原则和公正原则得以集中体现。

1. 网络广告监管合理性原则的内涵

网络广告监管的合理性原则与合法性原则是相辅相成的。任何行政执法包括对网络广告活动的监管，也要遵循既合法又合理的原则。也就是说，监管目的必须是正当的，不能侵害国家利益、公共利益及个人正当利益。只有在这样的前提下，网络广告的监管工作才具有法律赋予的权威性。对涉及国家利益、商业机密、个人权利的信息，要按照法律的规定予以尊重和维护。否则，就会违背和降低行政执法监管的效力和行政监管部门的权威性。2004年，国务院颁布《全面推进依法行政实施纲要》（以下简称《纲要》），提出："合理行政。行政机关实施行政管理，应当遵循公平、公正的原则。要平等对待行政管理相对人，不偏私、不歧视。行使自由裁量权应当符合法律目的，排除不相关因素的干扰；所采取的措施和手段应当必要、适当；行政机关实施行政管理可以采用多种方式实现行政目的的，应当避免采用损害当事人权益的方式。"[②]因此，要想充分理解网络广告监管的合理性原则，就要首先理解公平与公正原则。公平原则也可

---

① 国务院关于印发全面推进依法行政实施纲要的通知_2004年第16号国务院公报_中国政府网［EB/OL］. http://www.gov.cn/gongbao/content/2004/content_70309.htm.

② 国务院关于印发全面推进依法行政实施纲要的通知_2004年第16号国务院公报_中国政府网［EB/OL］. http://www.gov.cn/gongbao/content/2004/content_70309.htm.

以叫作平等原则。我国《宪法》明确规定：公民在法律面前人人平等。也就是说，网络广告的监管工作要同等情况同等对待，不能厚此薄彼，有歧视性倾向。另外，要坚持从实际出发，坚持不同情况区别对待，不能干什么事都搞“一刀切”，对不同情况还要根据不同情形区别对待。而公正原则和公平原则有所不同，如果说公平原则是针对两种或两种以上情况行政行为的比较，那么公正原则针对的是行政行为的轻重缓急，旨在保障网络广告各个相关主体的基本权益。以上就是网络广告监管合理性原则的基本内容，三者有机统一，相辅相成。

2. 网络广告监管合理性原则的必要性

从网络广告的监管实践来看，网络广告监管合理性原则的确立，是对政府行使行政职权的约束控制，构建有限政府、服务政府的前提和保障，也是对依法行政理念贯彻执行的具体表现。当今的网络广告发展已经远远超出了行政监管部门的预期，行政管理部门对于网络广告的监管行动明显相对滞后，有些监管执法人员对自己的监管目的是否正当，监管行为是否公平，处理意见是否公正，缺乏足够的理解和认识，因而在具体监管过程中，常常是针对性不强、难以服众、权威性不高，执法和处罚的效果大打折扣。从网络广告监管的现实情况看，有些行政监管主体在做出行政监管的行为时，时常因为监管部门利益或者个人利益而损害公共利益及公民个人利益，对自身的监管行为缺少主体自觉和自我约束，甚至假公济私、损公肥私，看似合法，却不合理。还有，网络广告的监管对象层次不一、情况十分复杂，涉及的地域性又很强，如果政府监管执法人员对相同情况的监管对象不能做到一视同仁、严格执法、公平裁断，必然会有损政府监管执法部门的公正性、权威性；有些执法人员不考虑监管对象的实际差异，在执法处罚中一味地“一刀切”式监管执法处罚，也会造成受众心里不服，这也将有损政府服务为本、依法行政的威信，从而损害网络广告产业发展的内生动力。所以，加快确立网络广告监管的合理性原则就显得十分必要和迫切。

3. 网络广告合理性原则的基本要求

根据我国的基本国情，遵循网络广告监管合理性原则的要求，必须要把握好以下几项基本要求。

第一，当执法处理涉及个人利益与公共利益、集体利益相冲突时，必须坚持公共利益、集体利益至上。网络广告活动首先关系到网络广告主体的切身利益，按照市场法则，自然要求广告主体自身利益的最大化，但网络广告活动有时会涉及公益事业利益、行业发展整体利益，甚至是国家根本利益，因此，网络广告行为时常会诱发各种利益的纠纷和摩擦。作为行政监管机关及执法部门在处理公共利益、个人利益的关系上，必须首先尊重国家整体利益和公共利益为优先，不能以损害国家和公共利益为代价，满足企业个体或个人追求利益的要求。也就是说，只有首先维护国家的整体利益和人民群众的根本利益，才是网络广告监管执法工作最大的合理性。

第二，在维护对待不同监管对象的利益时，应该一视同仁，不能有歧视倾向、不平等对待。网络广告的经营主体非常庞杂，身份情况不一，存在着地域、民族、企业性质、规模大小等差别，但他们享有的经营权利是同等的。作为网络广告监管执法的行政部门来说，不能区别对待，厚此薄彼，有背合理性原则。比如，审查准入资格时，无论是商业企业还是公民个人，无论是国有企业还是私人企业，无论是本地企业还是外地企业，都应该同等对待。对于来自不同地区、不同国家、不同民族的网络广告经营者，不能有歧视性的倾向，监管执法的尺度要保持一致，否则就会因为执法上的不公正、不公平而造成维护权益的不平衡。

第三，尽量做到相关主体利益伤害的最小化。行政监管要达到网络广告活动主体伤害最小化的效果，即行政监管执法的公正。网络广告行政监管执法部门在实际的监管执法过程中，要贯彻服务为本的理念，在坚持法律法规的前提下，尽可能地维护网络广告经营者的合法权益。在处理不同网络广告的纠纷时，也要以不同利益相关方的利益损害最小化为执法原则，体现公平合理性。对广告企业可能出现的违法倾向，应该尽量做到监管前置，规避潜在的经营风险，减少违法网络广告行为对相关利益主体造成的更大的损失。行政监管机关开展的一些依法经营的教育活动、行政指导，其目的就在于规避网络广告经营者的违法行为，保障其合法利益少受损失。

四、我国网络广告监管的行政结构

网络广告行政监管是指政府依照广告监管的法律法规和有关政策，通过一定的行政干预手段，对网络广告行业主体及其活动进行监督、检查和指导。[①]我国的现阶段的行政监管，是网络广告规制的主要手段，这与我国政府在引导、规范和推动市场经济发育成长过程中所起的作用所决定的，也是与我国的现实国情和文化传统相适应的。通过分析我国行政监管的内部结构，可以对我国网络广告监管问题有着更直观的认识。

（一）我国网络广告行政监管的主体

目前我国网络广告的监管主体主要由两部分组成：一部分是网络广告法定的监管主体，即政府工商行政管理部门；另一部分是以网络广告涉及的商品或服务属性，或者以其传播媒介和网络广告本身的媒体属性，对其进行审查和监管的其他行政管理部门。

1. 法定行政监管主体——政府市场监督管理部门

我国现行的《广告法》规定："国务院市场监督管理部门主管全国的广告监督管理工作，国务院有关部门在各自的职责范围内负责广告管理相关工作。县级以上地方市场监督管理部门主管本行政区域的广告监督管理工作，县级以上地方人民政府有关部门在各自的职责范围内负责广告管理相关工作。"因此，我们所讨论的网络广告行政监管部门就是我国的各级市场监督管理及其他相关部门。

目前，我国各级政府市场监督管理部门的机构设置体系如下。

第一层级：国家市场监督管理总局。国家市场监督管理总局是我国广告监管的最高权力机构，根据国家法律和国务院的授权，全面代表我国政

① 参见黄河，江凡，王芳菲. 中国网络广告十七年（1997—2014）［M］. 北京：中国传媒大学出版社，2014.

府对网络广告施行全面的监督和管理。在其组织机构内设广告监管司以及前不久成立的中国互联网广告监测中心，承担主要的网络广告监管职能。

第二层级：各省、自治区、直辖市、特别行政区的市场监督管理局。这一层级的工商行政管理部门都隶属于省级政府，受省级政府和国家市场监督管理总局的双重领导，具体的监管职能由内设机构广告监管处承担。

第三层级：市级和地区政府市场监督管理局。这一层级的市场监督管理局并不属于市级地方政府的组成部分，但接受本级党委和政府的领导，该机关的人、财、物及业务都归上级市场监督管理局垂直领导，具体的监管职能由内设的广告监管科承担。

第四层级：县级市场监督管理局。它同样归上级市场监督管理局的垂直领导，其监管职能由内设的广告监管股（室）来承担。

各级市场监督管理机关内所设的广告监管司（中国互联网广告监测中心）、广告监管处、广告监管科、广告监管股（室）自上而下的构成了我国网络广告监管的主要行政监管主体。

2. 其他承担辅助监管的行政部门

2021年新修订的《广告法》第四十六条规定："发布医疗、药品、医疗器械、农药、兽药和保健食品广告，以及法律、行政法规规定应当进行审查的其他广告，应当在发布前由有关部门（以下称广告审查机关）对广告内容进行审查；未经审查，不得发布。"从此项规定可以看出，市场监督管理机关虽然是广告主要监管主体，但是在实际操作中，对于广告内容所涉及的其他行政部门也会依据相关法律法规、根据自身机构职能承担起辅助监管的职责。例如医疗器械广告的审查由国家各级市场监督管理部门和各省级医疗器械行政监管部门来进行；农产品广告的审查由农业部和省级农业厅行政主管部门来进行。

由上可以看出，我国对网络广告的监管活动采取政府市场监督管理部门为主，多部门协同监管的监管模式，这种模式的好处在于对特殊商品或者服务的广告，由专业部门进行其内容的审查，这样才能使审查更具专业性和科学性，更有利于网络广告的有效监管。

除此之外，各类媒体的业务主管部门也会在职能法规的范围内，协助国家市场监督管理部门对其管辖范围内的媒体广告进行监管。2015年新修订的《广告法》第四十四条规定："利用互联网从事广告活动，适用本法的各项规定。利用互联网发布、发送广告，不得影响用户正常使用网络。在互联网页面以弹出等形式发布的广告，应当显著标明关闭标志，确保一键关闭。"所以，互联网相关主管部门（工信部）也同样肩负这对网络广告实行辅助性监管的义务，尤其是在对网络服务平台和网络广告公司行为的监管上。

（二）我国网络广告行政监管部门的职责

1. 市场监督管理机关的职责

作为网络广告监管的法定政府监管部门，其行政监管职责主要体现在如下几个方面。

（1）网络广告的立法和司法解释

法律和法规是行政监管机关对于网络广告实施监管的基本依据。国家市场监督管理总局作为全国网络广告监管的最高监管机构，通过对我国网络广告市场现实情况的调研和监测，受国家立法机关和国务院的委托，在其立法权限范围内制定、起草科学有效的网络广告专门的法律法规，并会同他各部门制定单项规章，制定相关条例和细则，明确各监管主体的职责范围、程序和手段，并负责进行相关解释和解读。

（2）网络广告经营主体的资格审核

对网络广告经营主体资格的审核主要包括两个方面：一是对网络广告经营者进行资格审查、登记，具备准入条件的，核发网络广告经营许可证，这是网络广告合法与违法的最明显的界定；二是对网络广告的经营范围进行审查，核定网络广告的经营范围，以便协同其他专业部门进行有效监管。

（3）网络广告经营过程的监管

对网络广告经营活动进行全程跟踪、监控和检查，确保网络广告经营活动在法律法规的规制要求之下进行，这也是各级网络广告行政监管部门的主要职责。

（4）网络广告违法案件的处理和复议

各级政府市场监督监管部门要在自身监测网络广告的同时，也要接受消费者或消费群体对于网络广告的举报和投诉，对违法网络广告进行行政处罚，追究相关责任人的法律责任，对构成犯罪的移交司法机关处理，这是各级政府市场监督管理机关的重要职责。

（5）管理部门间的关系协同

目前我国尚无独立的网络广告行业主管部门，只是由在各级工商行政管理机关下的广告监管机构代行某些监管工作，但是由于网络广告行业涉及范围广、产品种类多等特点，需要协同其他有关部门进行联合监管，所以，协同与其他部门的关系也是各级网络广告监管机关的一项基本工作。

（6）网络广告的行业指导

目前我国网络广告的监管工作虽然由政府行政管理部门占主导地位，但是仍然离不开相关行业组织和消费者群体的支持和帮助，所以，对网络广告行业组织和社会消费者群体进行网络广告监管的宣传是尤为重要的。同时，还要帮助网络广告的行业组织和协会进行有效监管，建立起网络广告的监测体系，从而推动网络广告行业自律规范的健全和完善。

2. 其他行政管理部门的网络广告审查职责

网络广告的审查职责是依据我国的广告审查制度而形成的，是指在广告审查部门在网络广告发布前，对网络广告进行主题资格审查、相关证明文件材料审查、内容和表现形式审查等具有审查结果和处理意见的监管职责。也就是说，依据《广告法》的规定，网络广告的内容涉及农药、医疗器械、保健品等特殊商品的，农业、卫生等相关行政部门应该对网络广告内容进行行政监管。

第四章　我国网络广告监管目前存在的主要问题

一、网络广告与传统广告监管比较

所谓广告监管，是指为了规避广告市场风险，保障消费者权益，维护广告市场秩序，由特定的广告监管主体如国家市场监督机关、相关业务主管部门、社会组织、行业自律组织，依照我国现行法律规章和行业行为准则，对广告活动实施监督管理活动的总和。我国的广告监管体制是在改革开放后市场经济日益发育繁荣、广告行业不断发展的过程中逐步形成的，体现了鲜明的时代特色和阶段性特点。依据广告载体的不同，广告通常分为传统媒体广告和网络广告。与之相适应，广告监管也自然地分成了对传统媒体广告的监管和对网络广告的监管两种。

（一）传统广告监管

我国传统媒体的广告监管体制，大体上是由政府行政监管、行业组织规范和社会监督约束等几个方面构成的，形成了监督管理系统的基本架构。

1. 政府行政监管。广告的政府行政监管，通常也被称之为广告的政府规制或行政规制。由我国现阶段的经济社会发展程度、政治体制以及公民素质、文化传统等方面因素所决定，受我国现阶段国家的管理体制和管理方式的影响，目前，我国的广告管理基本是政府主导型的行政管理为主的管理模式。具体来说，就是根据《广告法》的授权，由各级政府市场监督管理部门履行广告的法定监管职责，这其中，包括了对网络广告的监管。

目前，我国由国家层面的市场监督管理总局，再到以下省区、地市、县区，自上而下都建立了市场监督管理机构，并且实行省级以下垂直管理，专门履行法律所赋予的广告监管职责，并对广告行业进行行政指导。除了政府市场监督管理系统，相应的政府行业主管部门也对广告的监管负有责任。比如，卫生管理部门对医疗广告，食品药品监督管理部门对药品广告，农业行政管理部门对农药广告、兽药广告的前置审批，广播影视管理部门对广播电视广告播出时间和广告量的限制，以及各级党政宣传部门对广告宣传导向的管理，等等。

2. 行业组织规范。这是广告行业内部自我约束的自律机制。现行的行业自我规范，主要是依托各级市场监督机关组建并受其指导的各级广告行业组织和协会，并且制定相关的自律章程，从而对广告行业的行为活动进行自我规范和约束。从1983年中国广告协会成立以来，该协会成立了14个专业委员会，具体涉及报刊、广播、电视、互动网络等行业。目前拥有广告协会团体会员48家、420多家单位会员和200多名个人会员。1990年，中国广告协会制定了《广告行业自律规则》，初步建立了行业自我约束机制。各地也相应地成立广告行业组织和行业协会，将广告主、广告经营者、广告发布者等多元相关主体吸纳进来，从而形成系统的行业自律组织。各相关主体都在《广告管理暂行条例实施细则》和《广告管理暂行条例》的规范和约束下，研究制定了本行业的自律条文。如中央电视台制定的《中央电视台商品广告若干规定》。长期以来，广告行业协会在宣传贯彻国家法律法规、引导规范广告企业发展、规避行业风险、维护市场竞争环境等方面，发挥了重要的规范作用。这种建立在体制内的行业组织，带有明显的官办机构的“权力本位”和“机构行政化”色彩，这也造成了广告行业组织“非官非民”“亦官亦民”的组织属性，缺少自身的独立性，受工商管理部门的影响很大。这与西方发达国家则普遍选择的“以广告行业自律为主、政府行政管理为辅”的监管体制有很大的不同。所以有人称之为，这是“中国广告监管体制的结构性缺陷”①。

① 范志国. 中外广告监管比较研究[M]. 北京：中国社会科学出版社，2008：32.

3. 社会监督机制。主要是发挥消费者协会等组织及新闻媒体舆论的维权活动及舆论监督方面的作用，对广告企业及其经营者的经营行为进行监督，对广告企业是否守法经营、是否侵害消费者权益等方面，施加舆论影响和社会压力，形成良好的舆论监督的社会环境。在我国，目前广告的社会监督组织主要是消费者协会，也带有“官意民办”的色彩。1984年，中国消费者协会在北京成立。此后，各地也都建立消费者协会。它们在维护消费者合法权益、保障用户利益上，起到了积极监督维权作用。另外，各级工商行政监管部门还通过建立社会监督系统，积极引导社会力量对广告的监督。如原沈阳市工商局建立广告信用监管三级体系，从培养自律意识、激励守法经营、制约企业失信等方面，为全面实施广告信用监管打下了坚实基础。

从总体上来讲，中国传统媒体的广告监管模式，是一种政府主导型的广告监管模式，政府之外的其他监管力量——广告行业自律和社会监管相对弱小。这一模式的突出特点是：政府监管为主、行业自律为辅；市场监督牵头管总、相关部门协助。在传统媒体的广告监管中，监管主体借助法律的权威和政府的行政力量以及各种政治资源，通过制定有关广告管理政策、法律、法规为主要手段，来应对广告监管活动中的各种问题。

（二）网络广告监管

随着互联网快速发展以及对社会生产和人们生活的全面渗入，以网络为载体的网络广告日益影响着网络用户的生活和消费，使得以往网络广告因规制不健全而出现的种种问题得以暴露。网络广告在经营资格审核和广告内容审查缺位，网络广告规制出现了“真空”，不正当竞争等方面问题开始陆续出现。2000年2月，原国家工商行政管理总局先在北京、广州、上海三个网络广告发展较快的城市进行试点，对其中的网络公司核发了《广告经营许可证》。各级工商行政管理部门也开始在基层执法层面摸索和积累针对网络广告的规制办法和经验。2004年9月，中国三大门户网站——搜狐、新浪、网易宣布，正式成立中国无线互联网“行业诚信自律同盟”，并计划协商制定行业规范，开始呈现政府监管与行业自律并举的局面。2005年1月，国家工商行政管理总局与信息产业部（后调整为工业和信息化部）联合下发了《关于禁止发布含有不良内容声讯、短信等电信服务广告的通知》。2006年2月，信息产业部组织开展了“阳光·绿色网络工程”主题系列活动。在完善网络广告法律规制体系、搭建数字化的网络平台、加网络媒体的指导外，原国家工商行政管理总局会同部际联席会议成员单位（如中宣部、国务院新闻办公室、公安部、工信部等）发起的联合监管日益增多。2007年6月，中国广告协会互动网络委员会成立，通过并签署了我国网络广告第一部自律守则——《中国互动网络广告行业自律守则》。至此，基本上形成了我国以政府监管为主导、行业自我规范和社会监督约束为重要补充的政府主导型网络广告监管模式。

与传统广告监管相比，网络媒体广告的监管，有了一些新的变化，体现出了较大的差异性。本书从以下三个方面来具体分析。

1. 监管逻辑不同

我国现行的《广告法》是1995年正式颁布施行的。而当时互联网在中国才刚刚起步，直到1997年3月，中国才出现了第一个商业性的互联网广告。可见，《广告法》当时规范的对象，主要是互联网世界之外的传统媒介广告市场。根据法律规定和国务院有关授权，各级政府工商行政管理部门主要负责广告的监管工作，诸如广告的立法和法规解释、经营单位的审批、广告相关主体的指导和管理、违法案件的查处和复议、协调与服务等，基本反映了我国政府对传统广告监管的逻辑。比如，对传统媒体广告的监管，是在明确广告主、广告经营者、广告发布者等相关监管客体的基础上设定的。但在网络广告的监管规制上，这三者常常是互相交叉重叠，有时是集三种身份于一体，使《广告法》因对象模糊而对网络广告的制约限制失效，根本无法制止网络违法广告、虚假广告的出现。根据1995年《广告法》第三十四条规定，网络尤其是在对网络服务提供商和网络内容提供商的市场行为的规制上，作为计算机互联网主管部门的工信部对网络广告实行辅助性规制的义务，被划在“其他媒介”的范畴之内。又比如，对传统媒体广告的监管，是以政府主管机关市场监督管理部门牵头和各有关部门配合的监管模式。从国家—省区—地市—县，设定形成了有层次的机构设置体系，由此我国各级工商管理机关内设的广告监管司、处、科、股（室），自上而下构成了我国广告规制（包括网络广告规制）的行政监管主体。在具体实际的执行监管过程中，这种多头行政、政出多门、职责不清的问题，必然造成了传统广告的监管不力。尤其是网络广告的产生，使这种行政监管的弊端愈发突显出来。还比如，传统媒体的行业自律由政府主导、作用有限。广告行业自律是广告业发展到一定阶段的必然产物。创立于1983年的中国广告协会，诞生于政府体制之内的行业自律组织，带有明显的官办机构的“权力本位”和“机构行政化”色彩。这种传统广告的监督管理，对新兴起的网络广告来说，已经远远不能适应其发展。在坚持传统的监管方式基础上，需要转变监管思路，选择有效的监管手段和方式，探寻新的适合监管网络广告发展的新规制、新模式。

2015年4月24日，全国人民代表大会审议通过了新修订的《广告法》，开始把网络广告的管理纳入规制范畴，新增了关于互联网广告管理的有关规定。尤其是原国家工商行政管理总局2016年7月印发的《互联网广告管理暂行办法》（第87号令），围绕落实新修订的《广告法》的有关规定，在规范互联网广告活动上做出的29条具体规定。从中我们不难看出网络广告的监管逻辑变化轨迹。主要体现了四个强化：一是强化了广告市场监管的主体职责，明确了市场监督管理机关为主、相关各部门分工配合的管理体制，由此真正确立了一种市场监督为主、多部门协作的广告监管模式；二是强化了广告行业组织的自律规制，如按照新修订后的《广告法》第七条中的有关规定，在坚持政府监管主导作用的同时，进一步完善了行业自律为辅助的监管体系；三是强化了对违法广告的责任查处，如增加了资格处罚、信用惩戒；四是强化了对消费者权益的法律保护，比如，加大对虚假广告的打击力度，加大惩处力度，等等。

2. 监管方式不同

网络广告事业的发展，单纯依靠政府的力量，是难以对网络广告的市场实现有效监管的。与传统广告的监管模式相比较，我国的网络广告监管是采用以政府规制为主、行业自律和社会规制为辅的政府主导型规制模式，其中，政府规制最重要的手段是法律规制和行政规制。比较常见的是行政处罚、行政许可和行政强制三种类型，主要手段是对违法者进行罚款，并以行政处罚为主。随着时代的发展，一些柔性的软约束手段在广告监管中，也逐渐被使用，并发挥了比较好效果。目前，政府行政管理部门经常组织开展的带有激励性的活动，宣传教育活动，各种专项培训等，都带有引导规范的性质，收效比较明显。用业内人士的话来讲，这种柔性的"软约束"，主要有以下几种方式：一是行政指导。2013年3月1日，国家下发《工商行政管理机关行政指导工作规则》，2002年12月27日，由中宣部等五部门联合印发了《关于进一步做好公益广告宣传的通知》，都是行政指导规范性指导文件。二是关于行政合同。有人也称之为行政契约。政府行政管理部门为了完成特定的任务，发挥业内企业单位或专业人士的作用，与其签订合同，常以政府购买服务方式，鼓励引导广告企业守法经营，为社会作贡献。比如2011年4月，原江苏宿迁市工商局推行的广告行政合同式管理，就是比较典型的做法，在社会管理创新、维护群众权益等方面，产生了良好的社会效应。三是行政奖励，表彰先进、激励后进，对守法者给予物质上和精神上奖励，充分调动广告企业及其经营者内在的积极性，提高自律意识，维护自身形象，树立良好信誉，促进企业的良性发展。这种奖励制度也被网络广告领域广泛的使用。

3. 监管结构不同

从总体上看，对网络广告的监管，自2015年《广告法》重新修订实施以来，我国从纵向垂直的政府监管模式，开始转向多部门协作监管与广告行业自律、社会监督相呼应的规制格局。

从法律规制方面看，网络广告监管实现了从游离法律规制之外到纳入其中。1995年2月1日，中国正式颁布了《广告法》，而1987年颁布的《广告管理条例》作为《广告法》的补充，在《广告法》出台后仍然在使用。2004年，原国家工商行政管理总局下发了《广告管理条例施行细则》。2015年4月，全国人大审议通过了新修订的《广告法》，将互联网广告纳入法律规制的范围。2016年7月，原国家工商行政管理总局总局制定印发了《互联网广告管理暂行办法》（第87号令）。与此同时，针对网络广告监管所暴露的问题，我国各地也在探索尝试制定一些相关的规章制度。如原北京市工商行政管理局印发了《经营性网站备案登记管理暂行办法实施细则》和《经营性网站备案登记管理暂行办法》，还有2008年1月施行的《浙江省广告管理条例》明确将网络广告纳入规制范围。2014年2月21日，国务院法制办网站公布了《中华人民共和国广告法（修订草案）》，开始向社会征求意见，明确将互联网广告管理纳入了其中。

从行政监管方面看，有三个方面积极变化：一是加强了对网络媒体行政指导。2012年2月，国家工商行政管理总局联合中宣部、国务院新闻办公室、公安部等多部门印发了《大众传播媒介广告发布审查规定》，详细规定了大众传媒广告审查员的资格认定、培训程序、工作职责。2014年1月13日，国家工商行政管理总局召开了互联网广告监测监管情况通报会，要求各互联网站对被链接网页的广告内容认真审查。二是搭建了网络广告监测平台。2013年3月以后，国家工商行政管理总局每月对土豆网、美团网、糯米网、优酷网、京东商城、新浪网、爱奇艺、新华网、TOM网、搜狐、川北在线、中华网、网易、腾讯网、凤凰网、华龙网、淘宝网、拉手网、大洋网等20家网站发布的广告进行抽查监测。2014年，国家工商行政管理总局为满足网络广告监管的现实需要，组织筹建互联网广告监测监管平台，对全国各类网站发布的全部广告进行实时监测。至2013年7月，全国已有17个省级工商行政管理局建立了网络监管平台，为地方政府全面实现“以网管网”奠定了坚实基础。三是开展了多部门联合监管工作。由于网络广告传播速度快、涉及范围广、信息隐蔽性强、监管难度大等特点，国家工商行政管理部门会同部际联席会议成员单位，如中宣部、国务院新闻办、公安部、工信部等发起的联合监管执法专项活动日益增多，媒体广告发布前的审查成为规范重点，处罚力度亦不断加大，形成了我国网络广告规制中的行政规制多部门联动的特色。如2009年7月至10月，国家七部门联合开展的互联网医疗保健和药品信息服务专项整治行动，还有由国家工商行政管理总局牵头、多部门联合开展虚假违法广告专项整治工作。各地市场监督管理部门也加强了部门、区域间的联动，出现跨地域监管协调配合的工作机制。

从行业自律方面来看，目前我国网络广告行业自律规制主要包括两个层面：一个层面是网络广告活动主体的自律规制，表现为对网络广告的前置性自律审查，这是由网络的广告发布者、广告主、广告经营者共同实施的自我审查和把关机制；另一个层面是网络广告行业协会的自律规制，对协会的各成员进行规范与管理。2007年6月14日，经原国家工商行政管理总局和民政部批准，中国广告协会互动网络委员会在北京成立，通过并签署了我国第一部自律守则——《中国互动网络广告行业自律守则》，标志着我国网络广告的自律开始走上组织化和规范化阶段。在相关行业组织，包括中国互联网协会、电子商务协会 、中国电子协会等的共同努力下，一些与网络广告发展相关的自律守则、标准也开始陆续发布。2011年5月16日，在中国互联网协会的倡议下，人民网、新华网、新浪、搜狐、网易、凤凰网、腾讯网、百度、优酷、开心网、天涯社区等140家网站代表，在北京签署了“抵制非法网络公关行为自律公约”，这是我国网络广告标准化、规范化方面又一重大进步。同年4月8日，为了规范网络营销服务及互联网用户数据研究业务，中国互联网协会组织相关从业企业共同研究起草了网络营销与互联网数据研究业务的《自律宣言》。同年12月3日，又发布《互联网终端安全服务自律公约》，对客户端软件可能存在的收集用户隐私、捆绑恶意插件、发布恶意广告、软件的排斥和拦截等问题进行了具体规范。提供互联网终端安全服务的腾讯、百度、奇虎360、江民科技等一些国内知名网络经营企业，共同签署了对公约的响应支持文本，表示坚决支持自律公约。网络媒体自律审查的内容通常包括：对广告页面的审查、对广告形式的审查和对广告内容的审查。如百度的客户审核、人人网的物料审核、凤凰网的内部审查机制，都是比较有代表性的内部审查的案例。企业内参与审查的部门包括合同管理部、投放部、法务部等，各部门通力合作，各司其职，从各自的角度审查网络广告是否合法。

从社会监督方面看，我国的网络广告的社会规制主要是依靠社会监督，公民通过社会组织和团体、舆论媒体、行业协会等，自发地对网络广告整个传播流程进行监督和检查。目前，我国网络广告社会监督的运行主要分为三个层次：其一，是广告受众即广大消费者对网络广告的全方位监督；其二，是社会监督组织如消费者协会对网络广告的规制；其三，是新闻媒体对虚假广告、违法广告及其责任人的曝光。这三个层次由下而上，逐层推进，构成了一个比较有序的网络广告社会规制体系。

（三）网络广告监管的现实要求

任何新生事物的出现都是一柄双刃剑。网络广告的出现也是一样，既有传播面广、传输快、形式新颖、传播效果便于统计等方面的优势，但也带来一些新的问题。如伴随网页窗口强制弹出的广告、带有欺骗点击行为的广告、没有关闭按钮的广告、覆盖网页内容的广告、没说明广告目的广告、在网页正文周围来回浮动的广告、占用了大部分页面的广告、在屏幕周围来回浮动的广告、自动开启声音的广告等，常常对网络消费者造成了误导和干扰，特别是“网络水军”助力恶意竞争，从而误导市场交易行为，干扰了网络经济秩序，引发“市场失灵”。而传统的广告监督管理体制和方式与网络广告发展不相适应的问题，暴露出了政府对网络广告监管的滞后缺位，推进政府监管的创新，实现网络广告的有效治理，已经迫在眉睫。

1. 网络广告治理中的“政府失灵”

政府对经济的管理职能，也就是一般意义的市场监督管理职能，是实现政府对市场经济的有效干预、克服市场弊端的重要保障。在没有政府监管的条件下，市场经济运行中自我趋利取向，如果失去必要的引导规范，极易引发经济行为的失范无序，无法达到资源的有效配置的目标，从而导致“市场失灵”。政府对经济活动的干预和监管来源于“市场失灵”，其目的在于规范引导市场主体的市场行为。但从经济发展的历史和现实层面看，政府干预经济的手段和影响也是有限的，经济生活中的滞涨现象，反映出了政府失灵的无奈。[①]网络广告本质上属于商品，网络广告活动也是市场行为，自然在政府监管经济运行的范畴。网络广告由于依附网络媒体进行传播，它的不确定性、超时空性和虚拟性，使网络广告经营者经常利用监管上的漏洞，在实际运作的过程中，时常出现了违背市场公平竞争的失范行为，在一定程度上对网络广告的资源配置造成了不良影响，从而引发了“市场失灵”。由于网络广告在我国起步较晚，发育不够成熟，监管

① 参见［美］查尔斯·林德布洛姆. 政治与市场：世界各国的政治—经济制度［M］. 王逸舟译. 上海：三联书店，1992.

体制及经营运作还不完善，在法律规范、监管模式、监管手段等方面都还没有完全适应网络广告的发展要求，监管缺位、不到位和不得法等问题大量存在。目前，网络广告是与网络游戏、短信并列的互联网三大盈利点之一，但是由于网络广告管理的失控，法律规制的不健全和商家对利益的无限追逐，使网络广告市场的监管面临着“四难”的境地。

（1）监管对象身份难界定

传统媒体下的广告投资、经营和发布三个方面，身份固定、分工明确、边界清晰，在《广告法》中也有明确的界定。但是在网络新媒体环境下，广告的投资、经营和发布常常是合而为一的，相互交叉，多重身份，边界模糊，政府监管沿用的《广告法》对网络广告的监管是不适用的。由于网络媒体的开放性、便捷性，任何组织和个人都可以直接为自己的商品或服务进行宣传，制作发布网络广告信息，使网络广告主体呈现出多元化、多样化，而且网络广告行为又具有极大自由度，可以出现国内外的任何一个角落。还有，在我国从事网络经营业务的主体，既有如移动、联通、电信等网络运营商，也有如百度、新浪、网易、搜狐等门户网站，他们常常联合制作网络广告，使网络广告活动的主体纷繁复杂，对政府的行政监管工作带来了巨大的挑战。

（2）监管主体责任难确定

传统媒体下的广告无论是电视、广播、报刊，都有明确的地域范围界限，归哪个地方的政府行政管理部门管辖，都是十分清晰明确的，但是在网络新媒体时代，网络广告的超时空性，使特定区域性的行政监管不再适用。对于超越管辖权的网络广告，如何界定违法行为发生地和管辖权，究竟由谁来管辖，如何适用法律，成为一大难题。对于超越管辖权限的异地网络广告，不同地方的政府部门常常是束手无策，难以实现对网络广告进行科学、有效的监管。当前，我国还没有网络广告的专门监管机关，主要责任主体根据《广告法》的规定是各级工商行政管理部门，还有网络广告内容、技术手段相关的行政管理部门也负有相应的监管责任。这种多部门的监管方式，使责任主体因责任界定不清晰，从而造成的监管工作的职责定位混乱，时常导致“谁都管”、又“无人管”的尴尬局面，以致监管的低效甚至失效。

（3）广告属性识别难认定

根据我国《广告法》规定，广告应当具有可识别性。在传统媒体的广告中，依照相关法律法规的明确规定，在广告传播活动过程中，必须要具有鲜明易识别的广告标识，广告性质明确，但在网络媒体上发布的广告，常常与网络信息交织在一起，使信息和广告界限越来越模糊不清，一般注册用户都可以发布各种信息包括商业广告信息。还有，大量的植入式广告也缺乏，甚至是故意规避明确的广告标识。由于网络广告的标识不清晰，甚至缺少广告标识，一些本来具有广告性质的信息就被认作是一般的网络信息，加上网络信息的流量巨大，监管机关对于网络广告的监管范围往往无所适从。

（4）违法广告行为难裁定

由于网络广告在虚拟空间传播，其行为活动在2015年新《广告法》修订之前的相当长的时间内，并没有纳入《广告法》的规制范围内，所以判定网络广告信息是否合法缺少政策性依据，难以对其行为进行裁量。加之违法广告信息经常被任意篡改，不留痕迹，取证也比较困难。对于使用虚拟身份的广告商，对于其身份的认定、违法广告内容的真实性核实、对消费者权益侵害的行为取证等都难以真正落到实处，这使得工商行政管理等部门的行政执法和处罚常常因判定不清或因证据不足而无从下手。尤其是有的广告企业资质不全甚至是皮包公司，发布违法虚假广告、欺诈广告，东窗事发后，很难找寻其踪迹，政府部门的处罚措施也无法得到真正的执行。

2. 网络广告治理中的“市场失灵”

网络广告活动本质上是市场经济活动，受市场经济法则的制约，也离不开政府的有效干预和调控。然而事实证明，单纯的市场手段或仅依靠政府的干预，都无法实现资源的最优化配置，达到经济学家所称的“帕累托最优”的目标。网络广告作为一种新兴产业，是市场经济活动的重要组成部分，政府对市场经济行为的干预和调控，自然包括对网络广告活动的监管。而网络广告的政府监管也源于网络广告市场“失灵”。目前，网络广告从总体上讲政府行政监管相对滞后，受市场机制的作用影响较大，广告主体的无序竞争还没有从根本上得到规范和控制，网络广告行业的问题在一定程度上暴露出了网络广告经济的市场“失灵”。

近代广告经历了从印刷媒介广告—广播广告—电视广告的发展历程。在网络新媒体时代，如何利用网络资源让受众感受到属于自己的广告，已然成为网络时代广告投放的一个核心问题。然而网络广告活动中的市场“失灵”，使市场经济有效配置资源的目标无法实现。而所谓的市场失灵，就是指“在没有政府监管的背景下，通过网络广告活动主体自愿交易无法实现网络广告市场注意力资源的有效配置，这就是‘市场失灵’”[①]。而网络广告注意力资源主要包括总点击次数、综合浏览量和点击率三个方面。从市场需求和市场容量来分析，市场给予网络广告以强有力的信号，指导着网络广告的发展，但有时又因为市场经济的自由性和灵活性，使得网络经济增长和网络广告规模都同时低效。网络广告市场的“失灵”，直接带来了以下三个方面的问题。

（1）网络广告效果的统计失实。

客户投放广告的主要依据，是网络规模、用户分布、上网习惯、网站访问率、热门的网页与栏目、访问繁忙时段等参数。纷繁复杂的大大小小网站通过自报业绩，运用类似点击数等不具有商业价值的参数，作为网站访问量，让客户对网站优劣难以辨认。所谓的点击数，是指从网页上提取信息点的数量，网页的每个图标、链接点都产生点击，所以一篇网页的一次被访问，由于所含图标数量、浏览设置的不同，可以产生多次的点击数，这样报出的天文数字，让广告主时常将信将疑、半信半疑，让人缺乏应有的信任度。

（2）网络广告市场的竞争失序。

网络产业的发展在当代中国可以说日新月异，增长幅度在2007年之后趋向平稳，但规模却呈指数级增长，并且与实体经济相互交融，特别是在国家大众创业、万众创新的政策激励下，“互联网+”成为助推国家经济发

---

① 邓小兵，冯渊源. 网络广告行政监管研究［M］. 北京：人民出版社，2014：172.

展的重要动能，极大地激发了创业主体的热情。几乎每个创业主体，都离不开利用网络广告，来推销自身产品或服务的机会，市场竞争在所难免。目前的《广告法》虽然将网络广告纳入规制范围内，但是相关内容比较笼统，没有对具体行为进行明确的界定。如缺乏对网络广告经营者主体资格应具备的资质条件的审定，以及对违法网络广告的审查和处罚的方面的规定。一些网络不法之徒利用这种政策缺失，采用数字技术的新形式，如使用加框的超链接技术、抄袭他人网站的内容、利用关键字技术等，进行网络广告市场中的不正当竞争，严重干扰了网络广告市场秩序。

（3）网络广告的市场价格失真。

一个发育成熟的市场经济，商品的市场价格与商品的实际价值尽管在一定时期内存在上下波动的现象，但在总体趋势上二者是相吻合的。在网络广告市场恶意竞争失序的状态下，网络媒体不仅没有给广告主和广告公司提供真实的资料，也难以给出比较明确的收费标准。从现实情况看，每个时期甚至每个月 的广告费，每个CPM（即千人成本）的价格，按照什么标准来收费，各个网站都不尽相同。有些网站为了争夺网络广告市场，暗自以打折或免费赠送相应时段广告的办法，以提高网站的知名度和影响力，并阻拦其他企业来网站做广告，这使网络广告价格时常偏离其实际的价值，如网易163邮箱的广告费曾经打到三折，价格严重失真，类似这种抢占网络市场的行为，已经使网络广告市场陷入无序的竞争局面。

3. 网络广告治理中的第三部门失灵

第三部门（The third sector）又称为志愿部门（Voluntary sector），是社会学与经济学名词。它既不是政府职能部门，也不是商业企业，经营不以营利为目的，而是由各种社会团体、民办非企业单位自发组成的非营利性的独立的社会组织。它的主要特征在于它的“非营利性”和“独立性”。从20世纪六七十年代开始，社会组织作为一种重要的社会力量在世界范围内悄然兴起并得到广泛发展，称之为“第三部门运动”。这是当代西方国家为了解决市场经济发展中的市场和政府“双失灵”的问题，提高社会治理的必然趋势。我国从改革开放以来，伴随着市场经济的发展和社会的转型，中国的社会组织已经得到了长足的发展。

中国广告协会是在民政部登记的全国性社会团体，中国广告协会第一次代表大会于1983年12月27日至31日在北京召开，中国广告协会正式成立，它的主要职能是：提供服务、反映诉求、制定标准、规范行为。由具备一定资质条件的广告投资方、广告经营者、网络广告媒体等经营单位，以及地方性广告行业组织、广告教学及研究机构等自愿组成，现拥有单位会员600余家。中国广告协会设有15个分支机构。分别是：报刊分会、广播分会、电视分会、广告公司分会、铁路分会、公交分会、标识分会、民航分会、烟草分会、户外广告分会、广告主分会、互动网络分会、学术委员会、法律咨询委员会、专家顾问委员会。中国广告协会各分支机构在中国广告协会的领导下，在其专业领域内开展行业活动。全国各省、自治区、直辖市等地方广告协会是中国广告协会的会员单位，也是中国广告协会在全国范围内开展行业活动的合作伙伴。由于网络广告在中国起步时间较晚，但发展却十分迅速，作为应该具有“第三部门”性质的广告协会组织，基本上是依托政府市场监督管理部门，自身缺少相对的独立性，属于半官方性质的机构，难以真正实现对本行业的自我约束和管理。还有，由于缺乏相应的网络广告管理的法律法规可遵循，广告协会还没有真正跟上网络广告发展的需要，对网络广告的制作和发布制定专门的自律规程，在履行职能作用上仍然存在很大的不适应，存在着行业自律“失灵”的现象，在网络广告治理体系中发挥的作用极为有限。

4. 不当网络广告对消费者权益的侵害

在当前庞大而又复杂的网络经济领域中，虚假、劣质、不正当竞争等违法广告行为在网络媒体中大量涌现，鱼目混珠，不一而足，可谓乱象丛生。与传统媒体发布的广告相比，网络虚假广告在广告主体、发布方式、内容等方面，都呈现出复杂多变的特点：网络违法广告主体多样繁杂，身份难以核对，无法验证；发布方式多样化，有较强隐蔽性；数量众多、传播快速、覆盖面广泛，是虚假广告泛滥的重灾区。现行的《广告法》第二十八条第二款，界定了“虚假广告”的具体情形。由于网络广告相对处于一个缺乏控制的状态，致使损害消费者合法权益的问题层出不穷，如今网络广告已是公认的各类媒体广告中信任度最差的广告。网络虚假广告不仅扰乱了市场经济秩序，也损害了消费者的合法权益，让消费者上当受骗、深受其害。同时网上经营者可以不在网上公布真实身份，加之对网上经营者缺乏法律约束，对于虚假的网络广告又缺少权威评判机构，经常出现随意侵犯消费者权益事件的发生。其中，食品安全领域正成为网络谣言的重灾区。2017年4月17日，原国家食品药品监督管理总局新闻发言人颜江瑛在该局召开的治理研讨会上指出，网络谣言中食品安全信息占45%。[①]不仅扰乱了百姓的消费判断，损害了行业发展，甚至已影响到我国的国际声誉。

（1）不当网络广告对消费者权益的侵害

由于现代信息技术创造了虚拟的网上购物空间，网上购物不受时间和空间的限制，以及网上交易的无纸化、选择的多元性等因素的存在，而相应的网上购物规律规制相对滞后，存在很多的法律漏洞。一些不法厂商常常利用网络交易规制的缺失，使用各种欺诈手段坑害消费者利益，使网上购物欺诈、投诉明显多于传统购物行为，网上购物消费者权益得不到保障，消费者投诉较多。诸如网络广告中商品的介绍名不副实、欺骗消费者，消费者收到名实不符的货物后退换难、投诉难等，让一些热衷于网上消费者深受其害。

① 对消费者知情权的侵害

网络广告可以满足消费者多样化的个性需求，是网络经济发展不可缺少的信息传播手段。但在网上购物模式下，各种各样的网络广告鱼龙混杂、样式繁多、真假难辨，极具煽动性和诱惑力，让人眼花缭乱，让消费者一时难以判断其真实性。消费者只能在网上经营者操纵的虚拟网络交易空间进行操作和消费，无法真正了解所购商品的全面信息，所看到和了解到的信息，也都是被精心安排好的有关商品的描述和制作过的图片，有些时候具有很强的欺骗性和夸大成分，这给消费者知情权的实现带来了困难。一些网上不法之徒为了谋取经济利益，在网络广告中公然作假，或夸大其词，或公布虚假照片，或利用明显低于市场价的价格，引诱、误导和

---

① 国家食品药品监督管理总局就2017年食品安全抽检情况等举行发布会_中国网[EB/OL]. http://www.china.com.cn/zhibo/content_50278731.htm2021-1-5.

欺负消费者，严重损害消费者的知情权。

② 对消费者自主选择权的侵害

消费者的自主选择权体现市场交易的公平性。如今在实体市场上，强买强卖现象已经极为罕见。在现实的市场交易中，商品的规格、标准、质量、产地、售后服务，还有各种商业服务项目等都是明码标价，尽管有时也诱骗欺骗行为，但消费者看得见、摸得着、可辨认，有真实的感受，选择起来有可比性，自主选择实现度比较大。一旦交易出现纠纷，只要证据在，索赔也比较容易。但是在网络空间里，网络广告商提供的广告信息，因缺少实物可比较，尽管有图片或视频的显示，但购买后能否达到广告承诺的质量超标准，有很大的不确定性，这使消费者在选择上存在很大的心理障碍。2015年新《广告法》中对网络广告的规范比较原则，也不可能对一些具体质量标准、服务事务明确过细，事实上也很做不到，这使得网络广告的制作和发布有失范的空间。而有些不法广告商利用可乘之机，在网上或移动手机中提供的广告信息有的名实不符，虚假广告、欺骗广告、垃圾广告时常见诸网上，让人真假难辨，让消费者难以做到自主选择。

③ 对消费者公平交易权的侵害

网上的公平交易是以交易的双方公平的契约合同为保障的，但在网络虚拟空间里，由于网络交易平台大都是网络厂商创制的，购物的合同文本格式基本上都网络平台企业或商品推销厂商自己设定的，消费者只能在设定的合同文本上点击同意或不同意，否定了消费者表达真实意愿的权利。而且文本中设置了许多有利于厂商自己的交易条件，不利的条款常常不在其中，或者为规避法律约束，打擦边球，这使得网上购物的消费者处于被支配地位，使消费者的公平交易权受到了侵害。

④ 对消费者赔偿权的侵害

网购给消费者带来极大的便利，也带来了一定的交易风险性。诱饵广告、虚假网络广告的欺诈宣传，让有些网购消费者大受其害的情况屡见不鲜。在实体的商品市场和服务市场中，商品和服务的经营场所通常是固定的，购买了某种商品和某种服务，如果名实不符，证据好查，也容易索赔。而网上厂商或网络广告经营者的经营场所不固定，交易发生后，消费者上当受骗后，电子化交易，证据难查，成本又高，很难进行索赔，而且网购合同大都是“售后不退”。消费者一旦交易发现问题，因诉讼成本高又不易追讨，大都自动放弃索赔。

⑤ 对消费者隐私权的侵害

消费者在网络厂商开设的网站或网店进行登录注册，基本上是要求消费者录入真实个人基本信息，否则无法进入网店的页面，这在客观上存在客户信息泄露的风险。在大数据时代，借助网络技术成为采集个人数据的主要途径。[①]网络广告侵害隐私权的现象比较复杂，通常情况下，网民在访问网站或享受提供的免费服务时，必须提供个人的真实信息，涉及个人身份、职业、工作单位甚至财产等方面的一些隐私，而这些个人信息时常被网络平台收集整理，建立用户的资料库，这本身就存在着一定的信息安全隐患。有的厂商为了提高商品销售或服务的针对性，或者为了掌握客户市场份额，对消费者的情况诸如职业、年龄、性别、爱好、单位、民族等都要求如实登录，从而进行分类整理建立客户信息库，这在客观上使客户的个人隐私权受到了侵害。而有些网络广告商，缺少职业道德，常利用这些掌握的个人信息资料，不论客户是否同意，强制性地向人发送点对点的广告信息，或者冒用一些有名望的消费者名义，搞虚假的网络广告宣传，严重地侵害了公民个人隐私权。

⑥ 对消费者财产权的侵害

一些不法网站将用户的个人信息，有偿地让渡给网络广告经营者违法使用，强制向用户发布大量的劣质或违法的广告信息，不仅侵害了消费者的个人隐私权，也干扰了他们的正常生活。更有甚者，通过对虚假违法网络广告信息的传递，诱骗、欺骗消费者，特别是知识层面不高的老年人和涉世不深的青年学生，很容易上当受骗，造成财产的损失和权益伤害。这方面的案件屡见不鲜，如2016年8月，山东一名女学生因个人信息泄露，被不法分子骗走学费9900元，不仅造成了个人的财产损失，更导致该学生突发疾病而离世。这类案件并不是个案，反映出了网络信息安全的重大隐

① 参见柳镭. 论互联网行为导向型广告与美国隐私权保护困境［J］. 重庆理工大学学报，2010（03）：82–87.

患，值得包括网络行政监管部门的重视。当消费者权益一旦受到侵害，在通常情况下，损失难以弥补，权利难以维护。

网络广告上述这些问题的存在，使监管和规范网络广告已经成为当务之急，尽快建立健全网络广告的监管体制及工作运作机制，化解网络广告带来的负面效应，保证其健康有序的发展，是网络经济时代发展进程中一项无法回避的现实课题。

（2）消费者维权的困境

网络广告作为新生的网上促销方式，在法律规制上存在着不少缺陷。消费者通过网络广告产生的网上交易行为，由于各种原因与经营者发生的纠纷甚至被广告经营者或厂商欺诈，往往由于对广告厂商的侵权行为难以认定，使消费者在维护自身的合法权益上，常常感到“吃亏”，又无法裁量，在维权索赔上处于非常尴尬的境地。

① 责任主体难以确定

网络企业广告商由于出资、制作、发布经常一体化，其身份本来就很难界定。消费者很难在网络平台知道广告厂商的真实信息，诸如，广告公司注册地、资本金注册金额、公司的信誉度、财务收支状态，这些一般都不告知消费者。尤其是主要经营责任人的状况，消费者出现消费纠纷时，对网上经营者、具体责任人及所联系方式等情况几乎一无所知，在立法尚不明确的情况下，责任主体根本无法确定，从而使消费者茫然不知所措，丧失维权的能力。

② 适用法律难以界定

目前，我国网络广告经营活动基本上是以《广告法》《广告管理条例》为基本规制，针对网络广告的特殊规制的具体条款不多。而网络广告的虚拟性、庞杂性、易变性，又使得网络广告的行为活动，很难在现行的基本法律规范中找到具有明确的适用条款，这种客观上的规制缺陷，使得对网络广告的经营行为规范特别是违法违规行为的处罚，经常因对违法违规行为无法界定而逃避规制乃至处罚。

③ 违法行为难以举证

网络广告是在虚拟网络平台发布的，传输的数据基本是电子数据，有很大的不确定性，导致的网上交易行为双方发生纠纷时，购物受交易信息不完整，时常因证据不充分而无法向执法部门举证。比如，网络购物投诉常见的竞拍违约问题，网络页面广告以及进行交易时文本合同的保存期期限性，交易方式付款方式网络付款，除了汇款单，产生交易及交易的具体质量标准，让消费者很难用证据证明网络厂商或网络广告经营者所付的责任，加之网络交易行为范围大，监管部门受理查证和处罚都是一件较为困难的事，这使得消费者维权受到很大的限制。

现实社会对网络广告的监管，除了法律规制、政府监管、行业自律，还有一个很重的方面，就是广大消费者、舆论媒体等的社会监督，如此才能真正建构起对网络广告实施有效监管的体系。尽管目前消费者的维权意识越来越强，消费者协会的作用也有了一定的发挥，但从实际情况看，针对网络广告的管理上，广大消费者对于网络厂商来说仍然处于弱势地位，其自身的权益尚难以保障，其社会监督的作用还没有充分发挥出来。

从以上多维度的分析中不难看出：传统媒体广告的监管模式，已经远远不适应网络广告监管之需要。由于网络广告市场的复杂多变性，在立法层面、执法层面和司法层面，对网络广告监管都存在缺位、缺失或缺陷的问题，使得政府监管层面和其他主体监督方面都面临着不同程度的诸多问题，需要从理论和实践上认真加以分析，找出症结所在，积极探索创新有效的监管路径和实现方式，方能破解摆脱其困境。

（3）消费者维权困境的成因

① 维权监督成本高

在我国的现行法律体制下，网络广告的违法行为可以视作对于消费者合法权益的一种侵害，根据我国民事诉讼法中的“谁主张，谁举证”原则，一旦消费者发现网络广告违法行为的时候，需要由消费者来承担相应的举证责任，证明网络广告违法行为存在的现实，或者是对网络广告主、网络广告经营者违法行为的举证。这对于处在监管体系弱势地位的消费者来说，无疑是一项极大的负担。在这种社会属性的监督行为之中，消费者需要花费诉讼费、交通费、住宿费等经济成本，同时还要耗费时间成本和有限的精力。往往在网络广告的监管活动中望而却步。

即使在某些特殊情况下，消费者坚持守护自己的合法权益，不惜耗费时间、精力和金钱，但最后得到的回报也仅仅是退款或者换货。换个角度来看，消费者个人的监管成本远远要高于监管的收益本身，大多数的消费者通常会因无奈而选择放弃网络广告的监督。

② 监督渠道不畅通

在社会范围内，消费者进行网络广告监督活动的主要途径，就是通过消费者协会对网络广告进行投诉和举报，从而达到社会监督的目的。1984年12月，国务院为了保护消费者合法权益，引导消费者科学、合理地消费，从社会角度对市场经济体系中流通商品和服务进行有效监督管理，促进社会主义市场经济的健康发展，批准成立了中国消费者协会。之后，在各级政府的主导下，我国也在各地方设立地方性的消费者协会。在网络广告监管体系内，消费者协会的主要职责就是受理并调节、处理消费者的举报和投诉。在通常情况下，对消费者举报和投诉的网络广告违法行为进行媒体通报；对于情节严重的网络广告违法行为会支持消费者向政府行政监管部门和司法机关提起诉讼。因此，消费者协会在网络广告的监管过程中扮演着一个承上启下的角色，上接行政监管机关，下对广大消费者群体，成为监管体系中的重要纽带。但是，由于消费者协会并不是真正意义上的行政机关，由于这种尴尬的身份而缺少人员、物力和技术上的支持，所以消费者协会在网络广告监管活动的运行中发挥的能力实在有限。同时，消费者协会不具备法律所赋予的监管权力，也没有对于违法行为处罚的权利，更不具备行政诉讼的主体资格，所以在面对消费者的投诉和举报的时候，无法对网络广告违法行为主体直接提起诉讼，只能帮助消费者寻求政府行政部门或者法律的援助。

新闻媒体可以说是近些年来消费者实施监督行为时，经常寻求帮助的途径，通过消费者的举报和投诉，对违法网络广告进行曝光和舆论评判。但是，需要注意的是，新闻媒体本身也是网络广告的发布者和经营者，过渡的打击网络广告，也会对其自身的传播利益造成损害，这也间接的影响到了新闻媒体职能作用的充分发挥。

二、政府监管存在的问题

我国网络广告产业的发展总体上是健康的，但运行的实际效果仍然不尽人意，难以适应网络广告的发展需要，监管规制上的滞后和缺失问题并未从根本上得以改变。在治理虚假网络广告、垃圾邮件广告、利用网络广告从事不正当竞争等方面，仍然显得力不从心，尚未从根本上摆脱“难执行”和“执行难”的监管问题。

（一）规范性依据不足

我国广告方面的法律法规主要有：《广告法》《广告管理条例实施细则》《广告管理条例》《互联网广告管理暂行办法》《消费者权益保护法》和《反不正当竞争法》等法律法规，此外，还有对涉及食品、药品、医疗、烟草、酒类等特殊广告出台的专门规章。然而，现行法律法规都没有实现对网络广告的有效规制。健全的法律法规是监管主体履职的基本前提，“没有规矩”或“缺少规矩”都难以使监管的责任主体做到有法可依、有章可循。由于我国对网络广告监管的起步较晚，对于相关领域的制度建立还不完善，所以，目前我国并没有专门针对网络广告规制的法律存在，而现行的《广告法》对互联网广告只是做了原则性的规定，没有针对互联网广告的特点做详细具体的规定，再加上现有的法律规定比较散乱，有些条款在适用网络广告上缺乏操作性。2016年出台的《互联网广告管理暂行办法》，虽然着眼解决互联网广告管理方面的特殊性问题，对参与互联网广告活动的各类主体的权利义务、法律责任进行了划分和规制，但面对网络广告技术更新之快、传播范围之广、表现样态之多，这个《暂行办法》（以下简称《暂行办法》）的规制也有一定的局限性，这给各级市场监督管理部门履行主体责任、开展监管工作带来了一系列的问题。

1. 网络广告识别难定性。网络信息与网络广告常常相互交织、很难区分。尤其是有些广告商故意把广告形式信息化，模糊两者界限，让人很难区分是商业广告还是信息，依据现行的《广告法》对网络广告难以定性。

如果不把它纳入网络广告范围，就会不可避免地导致违法、虚假网络广告泛滥成灾。适时制定一部适用全国的《网络广告法》，从法律的权威角度来对网络广告市场进行统一规制，以确保我国网络广告市场的可持续发展，显得十分必要和迫切。

2. 网络广告主体难定位。现行的《广告法》对广告的相关主体都有着明确的规定，对于网络广告主、网络广告经营者、网络广告发布者的含义、权利义务有着明确的区分。然而，对网络广告却难以适用。由于网络的虚拟性、广延性，三者的界限模糊，定位出现困难，常常无法准确识别相应的主体资格，也难以迅速地对网络广告违法行为进行追责。

3. 网络广告准入难把控。虽然对传统广告的准入资格条件比较具体明确，但是具有一定的局限性。加之网络广告的超时空性、准入门槛又低，使得许多在传统媒体广告中不能出现的商品或服务，如精神药品、麻醉药品等纷纷通过网络平台而随时传播，这反映出现行的《广告法》在网络广告市场准入上的立法缺陷，事实上也给违法网络广告的泛滥提供了可乘之机。

4. 网络广告内容难裁定。由于网络广告的蓬勃发展，所占市场份额越来越大，实体经济与虚拟经济相互交融，“互联网+”模式的广泛应用，各行各业都开始了对网络广告的关注和投入。所以，各种问题广告的信息、内容和性质不好被界定，依据现行的《广告法》就很难识别。况且，网络广告监管还会遭遇管辖权难以确定，一些地方性法规适用范围又有限，如涉及跨国界的网络广告，更不好用国内法律法规予以衡量，对违法广告的电子证据的收集和采纳难度也比较大。

（二）责任主体缺位

这里讲的监管主体是狭义上的监管主体：各级政府市场监督管理部门及有关行业主管部门，因此，各级政府市场监督管理等部门承担着对网络广告的监管职责。但从实际情况看，市场监督管理部门名义上是网络广告的监管主体，但由于法律法规的不健全，以及网络广告传播速度快、传播范围广等特征，网络广告监督工作量巨大，使得我国网络广告监管工作的主体责任难以落实，常常处于失位、缺位的状态。正因如此，一些不法网络广告主、广告经营者或网络平台企业利用监管漏洞，展开恶性竞争。所以说，市场监督管理部门主体责任落实的缺失，造成了监管主体某种程度的“真空”，导致了网络广告行业发展的失序状态。

1. 执法体制不顺。就网络广告的监管而言，面对海量信息、样态繁多、变化之快的网络广告，政府市场监督管理机关往往是疲于应付。其他相关行业的政府主管部门如信息产业、文化、卫生、公安、药监等政府机构政出多门、衔接不紧，难以形成针对网络广告监管的整体合力。

2. 执法队伍不强。由于网络广告是一种通过网络技术而产生的新型广告形式，特点鲜明，技术性强，导致我国政府部门的行政监管人员对于网络广告监管的意识不强，监管理念不新，常常依照传统广告监管的“老办法、老规矩”来办案，不仅经验不足，显得吃力，更不用说提高网络广告监管能力了。

3. 技术条件不足。我国的网络广告行政监管部门普遍缺乏技术环节的支撑，从网络广告信息的收集、到内容过滤、再到发布过程的动态监控都缺乏行之有效的技术基础，以及专业的网络广告监管 软件，监管技术手段的匮乏，给行政监管和执法带来了很大制约。

（三）监管程序缺失

现行的《广告法》《广告行政管理条例》等法律法规，基本上是以传统媒体广告为监管对象的。2015年以后，新修订的《广告法》虽然将网络广告也纳入了监督管理的范围，但是在监管执法的具体程序上，基本上还是沿用已有的传统广告的监管执行程序。由于网络广告传播媒体、传输方式、传播范围、传播的技术手段的复杂性，跨地域或跨国界是常有的事，专门针对多网络广告的资格准入、资质认定、内容审查、动态监测、违法界定、调查取证、依法处罚等，都还没有具体明确的相应规定，各程序环节也不好衔接，在监管和执法的程序上存在很大的缺失。

2016年7月原国家工商行政管理总局出台的《互联网广告管理暂行办法》，虽然针对互联网广告范围，包括传播媒介（网站、网页、互联网应用程序）、形式（文字、图片、音频或者其他形式）以及五大类型（即网上传输的各种链接广告、电子邮件广告、付费搜索广告、商业性展示广告、商业广告）等，以外延描述的方式做了较为具体明确的规定，但是面对网络技术的不断升级换代，特别是电信网、广播电视网、互联网“三网融合”的新态势，网络广告产业和市场又有了许多新变化，这个《暂行办法》仍然显得有些滞后，监管上尚有很大的局限性。

上述政府工作层面存在的三个问题，如图4-1所示。

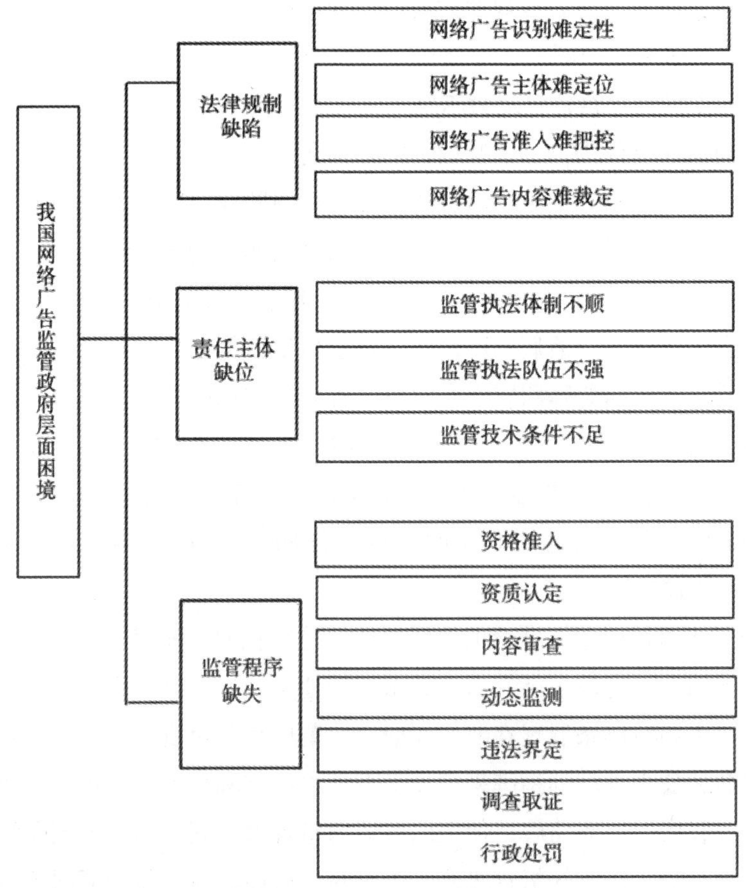

图4-1　我国网络广告政府监管存在问题示意图

三、行业自律存在的问题

2016年7月，原国家工商行政管理总局颁布的《互联网广告管理暂行办法》明确规定：“媒介方平台经营者、广告信息交换平台经营者以及媒介方平台成员，对其明知或者应知的违法广告，应当采取删除、屏蔽、断开链接等技术措施和管理措施，予以制止。”这可以理解为我国法律法规规章对网络平台的广告监管职责的授权。但是在过去的一段时间里，由于法律规范不明晰，加之网络平台出于逐利的趋势，网络平台并没有承担起相应的监管责任，甚至有意规避政府的监管，使网络平台对于网络广告的监管存在着诸多现实问题。

（一）网络平台监管动力不足

以魏某西事件为例。魏某西，本是一名大二学生，2014年偶然发现患有滑膜肉瘤，这是一种极难治愈的恶性软组织肿瘤，生存希望渺茫，为了配合治疗，魏某西甚至休学、降级。从2014至2015的近一年时间里，魏某西先后在医院接受了4次化疗、25次放疗，吃了几百服中药，经历了3次手术，花了20多万元，治病的巨额花费将家里积蓄掏空。在魏某西的病情被确诊之后，学校的老师和同学在学校的各个公共场所设置了募捐箱，同时还通过义卖、义演等活动一共筹得现金8万多元，希望能够为校友出一份力、献一份爱心。但事与愿违，天不遂人愿。2015年4月，魏某西再次休学，随后病情迅速恶化。2016年4月12日上午8时17分，魏某西在咸阳的家中去世，年仅22岁。

魏某西事件引起了社会的广泛关注并持续在网上发酵。虽然从客观上来讲，他的病治愈的可能性微乎其微，但他生前在某网站上发出的质疑，仍然把一个利益链条展现在我们面前。“莆田系”负责吸引绝症患者，旗下医院贴着公立医院的招牌来招揽患者，提供欺骗患者的场地，某网站则给了患者假指引、假路牌，使全国各地的患者聚集到这里，上当受骗。除了对上述三个责任方的指责之外，舆论的焦点还放在了监管部门监督缺位的问题上，正是因为监督力度不够，才让问题长期存在。具体来说，一家公立三甲医院是否可以外包科室，以及科室医疗方法是否合乎临床应用准入标准，这些问题都是如何审查通过的？让人感到困惑不解。

再有，《广告法》第四十六条有明确规定：“发布医疗、药品、医疗器械等广告，应当在发布前由有关部门对广告内容进行审查；未经审查，不得发布。”那么百度竞价排名所提供的广告链接，是否通过了有关部门的审查？另外，某网站方面的竞价排名究竟算不算广告，也一直没有明确的判定。因为缺乏明确法律法规，监管难度可想而知。在这起事件中，某网站再一次被拿来同谷歌作对比，比如说同样的关键词搜索，谷歌明确标注哪些是广告而哪些是信息，而百度的区分则显得很模糊。谷歌提供的医疗信息出处也很明确，都是一些著名医疗机构的实名专业人士，而百度提供的很多信息，网友都不知道是何人撰写。双方的责任感高下立判。

虽然说网络平台对于网络广告的监管是属于行业自律的范畴，但是也必须要坚持在《广告法》体系范围之下，但是由于我国《广告法》和相关法律法对于网络平台的规制存在着一定的漏洞和缺失，造成了网络平台在进行行业自律监管的具体操作层面上缺乏具体的行为准则和指导依据。由于网络广告的特殊性，已经使得监管主体关系变得十分复杂，在监管过程中出现了诸多细节性的问题，各个网络平台在面对棘手问题的时候，也只能根据自身发展特点而各自为战。

尽管2003年9月，为响应中国互联网大会“坚决抵制互联网上有害信息”的号召，网易、新浪、搜狐三大门户网站在北京同时宣布了成立我国无线互联网行业“诚信自律同盟”的发展战略规划，并共同制度同盟规范，坚决杜绝任何侵害消费者行为的发生。但是就目前的情况来看，这仅仅是一种表面现象，整个行业间缺乏充分的沟通，对于网络广告监管问题也没有达成共识。各大门户网站都根据自身发展的需要进行单独监管，没有真正形成整个行业的协同监管，这也是网络平台对于网络广告监管一直以来缺乏内在动力的原因。

（二）网络平台监管权责不清

1. 网络交易平台监管的必要性

在电子商务活动中，网络交易平台是为交易双方或者多方主体提供信息服务和网络交易空间的系统综合。从当前的网络经济发展趋势来看，网络交易平台已然成为了电子交易活动的主要形式和场所，占B2B市场份额超过73.5%。近年来，网络交易规模快速增长。我国市场交易规模由2008年的3.15万亿元，增加到2013年的9.9万亿元，网上购物交易额达到13 205亿元。随着网络购物的蓬勃发展，网络交易中的专利侵权行为日益频繁发生。据统计，2011年在阿里巴巴交易平台上，60%的知识产权投诉涉及专利权；淘宝网每天接到的知识产权投诉中，10%至20%涉及专利权。在2012年的3·15晚会上，消费者投诉网络购物占第一名。据统计，2011年淘宝网处理的专利侵权投诉为14 400余件，而同期全国知识产权局系统处理的专利案件为3017件，受理的展会专利投诉为1110件，全国地方人民法院共新收专利一审案件7819件，淘宝网受理的专利侵权投诉超过司法和行政执法部门受理的专利案件总和。可见，如果网络交易平台上的专利侵权投诉都转到司法或行政部门，将是“难以承受之重”。①

2. 网络平台监管的利弊分析

在各大网络平台企业里，从保护消费者和维护企业自身声誉及利益的角度，网络平台在内部监督上都设有专门的机构，如淘宝网的“消费者维权中心”，处理消费者投诉，这是平台企业的一种自我约束性行为，大体上有三种方式：一是对违规卖家侵权行为的制约，对于投诉人举报的属实的侵权行为，通过修正商品的展示信息，适时控制侵权行为；二是对违规卖家平台服务的制约，例如，阿里巴巴采取店铺商品搜索降权、查封支付宝账户等惩戒措施的累计扣分制；三是对违规卖家信用评级的制约。对于违规卖家的信用评级进行下调，对违规行为的惩戒，以约束将来的交易，如阿里巴巴对涉及的所有用户包括境外用户都纳入监管体系。但是必须看到，网络平台企业拥有双重身份，具有个体性与公共性双重属性。作为独立的市场主体，以追求利润最大化为目标。所以，网络平台企业的自我监管虽然效率高，但存在“当事人”角色的局限，同样有“失灵”现象。原因在：其一，这种约束的依据是商业服务合同，虽然具有契约约束效力，但是没对网络经营主体追究司法责任和行政处罚的权力；其二，约束行为是基于追求利益的主要目标，为了保持用户规模，对违规行为约束有限，很难保障第三方的中立地位，如2015年，阿里巴巴针对网络商品正品率而“叫板”工商总局的事件；其三，网络平台企业交易是网上进行的，范围广、对象多、数量大、品种杂，商品展示、规格标准、交易程序等，逐项审查不现

① 冀瑜，李建民，慎凯. 网络交易平台经营者对专利侵权的合理注意义务探析［J］. 知识产权，2013（04）：55.

实，难度大，许多网络平台企业经常感到力不心，致使诉讼案频繁发生。

3. 网络平台监管与政府监管的互补性

在当前的网络平台发展现状中，网络平台运营商根据自己制定的规则对网络平台用户进行监督和管理，而政府行政监管部门则对网络平台用户的交易行为进行规制。于网络平台企业同样以追求利益的最大化为目标，决定了它承担公共责任的有限性，需要政府介入其内部管理。我国《侵权责任法》确立了网络服务厂商应该履行的“通知规则”和“知道规则”，具体指网络服务提供者有审查核实相关信息是否侵权的注意义务，为防止和制止专利侵权应承担的提醒和谨慎义务。2010年和2011年，原国家工商行政管理总局和国家商务部相继出台了《网络商品交易及有关服务行为管理暂行办法》和《第三方电子商务交易平台服务规范》。在这两个规定中，分别提到了为减少经营违法行为的发生，网络平台的经营者有义务协助工商管理部门对网络经营主体实施监督。但是，不乏监管成本过高、监督效率过低、监督角色缺位等问题。从另一个角度来看，网络平台企业的自我监督机制，具有政府行政机关、行业组织等所不具备的优势和特点，内在动力足，针对性较强，规范作用明显。因此，网络平台企业与政府监管部门在监管上可以说是各有各自的优势。如果相互衔接、配合，可以产生综合治理的作用，这两个方面不可缺失有偏。正因为如此，有学者倡导：“为确保良好的市场秩序、公平竞争的市场环境、稳定的交易价格，以及消费者权益不受侵害，平台型网络市场同时受到平台与政府的双重管理，即为‘平台—政府’双元管理范式。”[①]这种双元管理事实上对网络平台企业包括网络广告经营主体已经在运用，并取得了比较的实际监管效果。

① 汪旭晖，张其林. 平台网络市场“平台—政府”双元管理范式研究——基于阿里巴巴集团的案例分析［J］. 中国工业经济，2015（03）：135.

第五章 我国网络广告治理存在问题的成因分析

一、网络广告治理的影响因素分析

（一）研究方法

内容研究法是将现有的文献作为主要的研究对象，在对文献资料归纳和整理之后，通过对其内容进行研究和分析，进行客观、系统和定量描述的研究方法。这种研究方法不仅可以将表象的内容加以总结概括，而且可以透过外在的表象看到研究对象的本质。当前，文献工作已经有了科学的、长足的进步，我们可以通过数据库和全文检索技术，对现有文献进行大量的调研和整理，并对研究问题的关键词进行检索，以检索到文献的数量和出现频率作为所研究问题的量化指标，进而通过定量和定性的研究方法对现有文献内容进行系统分析。含义分析和形式分析是目前内容分析法的两种主要形式[①]，由于含义分析法的研究对象比较单一，解读过于主观，不具有实证角度的说服性[②]，所以，本章采用形式分析法对网络广告监管过程中的影响因素进行分析。由于网络广告需要通过网络媒介（如网点、网页和互联网应用程序）来进行传播，所以网络广告的监管有别于传统的广告监管方式。网络广告的监管是一个要素庞杂的管理体系，它的施行要受到许多因素的影响而进行的，同时各个影响因素之间又相互作用，十分复

① 孙瑞英. 网络数据内容分析研究[J]. 图书馆学研究，2005（07）：35.

② 符强，马广宇. 互联网仿真现实监管任重道远——网络文化信息监管模式研究[J]. 中国电信业，2008（06）：37.

杂。所以，为了便于深层次的剖析我国网络广告的监管问题，需要构建监管理论的模型，进而推断出影响我国网络广告监管的因素。

为了保障数据的合理性、有效性和科学性，根据本节的研究目的，笔者从中国知网（CNKI）数据库中选取了2006—2021年间的相关文献和研究报告，通过在数据库中查询“网络广告监管”“网络广告规制”等关键字或主题，一共检索到相关文献346篇分析样本，按照年份的检索文献数目如图5-1所示。2006至2009年间，平均每年发表关于网络广告监管的文章不超过20篇，可以看出2009年以前，国内对于我国网络广告监管的相关问题研究较少。随着我国网络广告行业的持续发展，市场份额的不断增大，网络广告所引发的问题也不断出现。2008年，国务院印发了《国家工商管理行政总局主要职责内设机构和人员编制规定》，明确界定了原国家工商行政管理总局“负责监督管理网络商品交易和有关服务的行为”的监管职能，在很大程度上推动了网络广告监管的发展和进步，从学术角度来看，也促进了关于网络广告监管模型的研究。从图5-1可以看出，2012到2014年之间，我国网络广告监管相关研究数量激增。2016年开始，随着国家法律政策的进一步健全，研究发表数量有所回落，但并不代表实际问题已经全部解决。

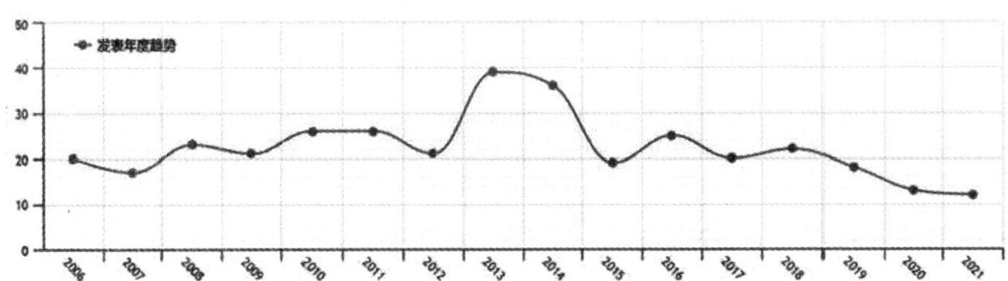

图5-1　我国网络广告监管相关研究发表年度趋势

（注：横轴代表年份，纵轴代表篇幅数。）

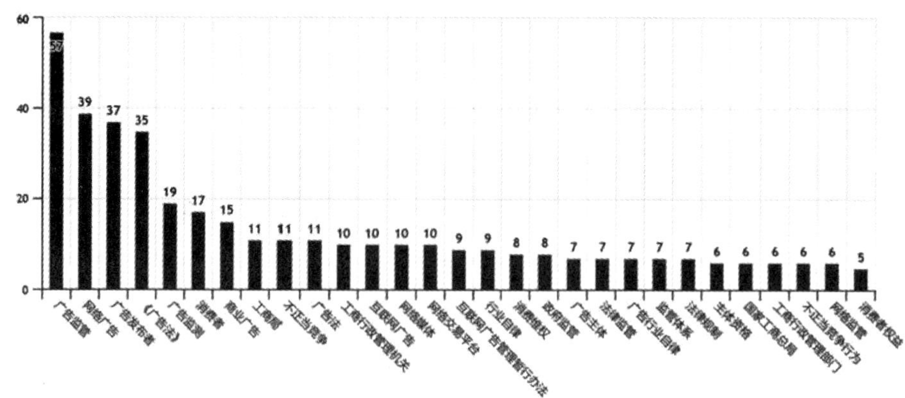

图5–2 我国网络广告监管研究领域分布

（注：横轴代表主要研究领域，纵轴代表篇幅数。）

（二）主要影响因素

通过对文献样本的统计分析，基本描述了近15年来，我国网络广告监管研究所涉及的领域分布，最为主要的是，可以从中提取出网络广告监管模型的主要要素。网络广告监管主要要素是网络广告监管过程中的主要对象，通过图5–2的总结和提取，可以看出在网络广告监管模型中的主要要素分布。通过图5–2可以看出，我国网络广告监管主要研究领域集中在如下几个方面，即监管法规、政府行政监管、网络媒体以及行业自律。从中不难看出，目前，我国网络广告的监管工作主要受这几项因素的影响：

监管主体：行政监管和法律规制的主体皆为政府行政机关，这里指的行政机关主要指我国工商行政管理部门。对于已有样本中涉及监管主体的文献为285篇，约占样本总量的82.29%，这说明在网络广告的监管体系中，监管主体即政府行政监管部门仍然占据着主导地位，我国仍然是政府主导性监管模式。所以说，监管主体是保证网络广告健康有序发展的重要因素，它的行政结构、职权划分、制度建设，不但直接关系到我国网络广告监管工作实施的效果，而且关系到网络消费者合法权益能否得到有效的维护和保障。我国在2008年明确界定了国家各级市场监督管理部门负责监管和管理网络商品交易及有关服务的行为，这直接说明我国各级市场监督管理机关是网络广告监管活动最主要的监管主体，同时也负有法律所赋予的监管职责和职能。

监管客体：监管主体与监管客体在某种程度上说是对应存在的。在网络广告活动的监管活动中，监管客体主要是指广告主、广告经营者、网络媒介以及相关责任主体。围绕这几类因素可以衍生出如新闻网站、网页、网络交易平台等，其中，网络交易平台也是网络广告传播的主要阵地。经统计，以网络媒介、网络交易平台等监管客体为主体的文献总数达到了20篇，约占总体样本量的5.7%。

消费者群体：在网络广告监管体系中，消费者群体也扮演着至关重要的角色，毕竟网络广告监管的目的在于保障消费者的合法权益，所以消费者因素也不容忽视。在选取样本的文献中，提及消费者因素的文献总数为30篇，约占总体样本量的8.6%。

（三）网络广告监管动态模型

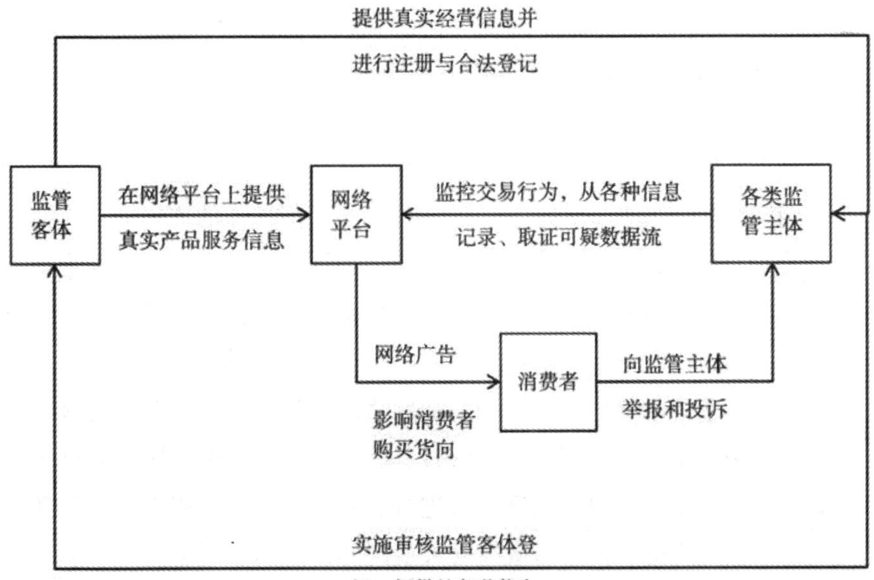

图5–3 我国网络广告监管动态模型

在这里将上述主要影响要素：网络广告监管主体、网络平台、监管客体以及消费者，通过模型构造的方式一一表现出来。在图5–3中，我们可以清晰地分辨出网络广告监管流程中，监管主体、监管客体、网络平台以及消费者之间的互动作用关系。首先，监管客体在网络广告活动发布之前，需要到监管主体即工商行政管理监管部门依照《广告法》等相关法规条例，对网络广告主、广告商等进行广告主体的注册资格审核登记，并将其真实有效的信息备案，监管主体通过对网络媒介、网络平台对网络广告整个流程进行监管，对消息发布、数据信息等实时监控。网络平台自身也应该具备对于网络广告行为的基本评定标准，对于合法合理的网络广告允许发布，反之禁止发布，并将其上报给监管部门。如果说在网络广告发布传播之后，仍然存在法律法规所禁止的内容信息，那么消费者群体也应该发挥社会监管的职责，积极向监管主体举报和投诉。

2016年12月，我国正式成立了互联网广告监测中心，并开始了试运行阶段。要想达到上述概念模型的理想化状态，势必要发挥互联网广告监测中心的作用，将我国网络广告监管推向一个新的高度。

二、政府监管存在问题的成因分析

（一）监管主体“政出多门”

我国网络广告的监管是一种政府主导的多部门协作的监管模式，根据国务院的职能分工，国家工商行政管理机关是网络广告主要的监督管理部门。但是在网络广告监管的过程中，许多特定行业的主管部门对网络广告也负有监管责任，从而形成了多维监管主体和政出多门情况的发生。

造成这种情况的原因在于，当前的网络广告呈现出一种复杂的形态，传播媒介、形式、类型之多，尤其是网络广告内容涉及的范围也相当之广，这就需要多个部门对于网络广告进行监管规制，仅仅依靠市场监督管理机关是难以完成的。由于行政监管人员的知识层面、网络技术水平以及工作精力等都具有一定的局限性，所以，在网络广告监管的过程中，必须通过与其他部门的配合，才能全方位的掌握网络广告活动的全过程。然而，监管上的“政出多门”也是一把双刃剑，它既是我国网络广告行政规制的特点，也是造成网络广告监管不力的主要原因。职责界定不明、权限规范混乱，也造成了网络广告行政监管的越位和缺位，在各部门间的利益冲突中产生监管空白或者监管重叠。对于网络广告的监管，各部门尚未有统一的行政规则来约束，所以，很容易造成网络广告监管工作的主观随意性，导致监管尺度不一，监管工作的效率低下，监管成本的提高，甚至会侵害到网络广告主的合法权益。

（二）政府监管权力边界不清

目前，我国仍然沿用的是政府主导型监管模式，市场监督管理机关依据法律体系进行的主导监管，其他行业自律与社会监管仅作为网络广告监管体系的补充和次要组成部分。相对国外网络监管模式的先进经验，行业自律监管和社会监管理应在监管体系之下发挥重要作用，可是在我国偏重于政府监管的实际情况下，其他监管模式名实不符，其作用也难免被忽视。

单纯地依靠市场监督管理机关去监督和规范整个网络广告市场，是勉为其难的。因为市场监督管理部门的力量有限，只能做到静态监管，无法形成有效的动态监管。同时，由于单一监管主体的力量薄弱，还有可能出现“权力寻租”的现象，不利于网络广告市场正常竞争秩序的建立。同时，政府监管“一家独大”的局面，在某种程度上来看，也模糊了网络广告行政监管与行业自律监管的边界，很有可能造成政府监管责任的过渡承担，许多职权范围之外的监管任务也落到了政府的肩上。这不仅对政府行政部门造成了巨大的工作压力，而且由于政府行政管理部门的过分监管使，而使行业自律组织的监管能力下降，监管范围缩小。这样不仅削弱了网络广告行业自律的发展和成长，更抑制了网络广告行业的健康发展。①

（三）政府监管行为缺乏有效机制保障

政府行政执行能力的高低，直接决定着网络广告监管工作运行的效果。虽然我国各级市场监督管理机关在长期的经验积累中，不断尝试新的工作方法，在一定程度上提高了网络广告监管的效率，但是仍然存在着监管“力不从心”的问题。

---

① 范志国. 中外广告监管比较研究［M］. 北京：中国社会科学出版社，2008：33.

1. 跨区域执法存在难度

与传统的媒体广告相比，网络广告的传播和发布突破了区域甚至是国界的限制，这也是网络广告能够迅速发展的重要原因。但是，这种跨区域、跨国界的特征也给政府监管带来了诸多不便。地方市场监督管理部门在网络广告监管方面根据本地方特点，构建了适合本地方工作的监管体系，但是这些地方监管体系之间没有统一的监管标准，许多实际情况无法及时沟通，数据无法及时共享，给网络广告监管工作带来了一定的难度

2. 监管手段缺乏长效衔接机制

目前我国政府监管的情况是，问题出现一个解决一个。比如说针对网络广告活动主体的身份混同问题，在日常的工作中对我国政府监管部门造成了极大的不便，而后地方工商行政管理部门推出了工商营业执照网上标识系统，将此问题解决。但是从长远角度来看，此系统虽然解决了身份混同问题，但是对于网络广告活动主体的合法性却没有办法确认，这是典型的缺乏长效性的表现。另外，网络广告监管模式内行政监管手段之间缺乏衔接。以法律规制和行政监管为例，我国现行的《广告法》中对于网络广告违法行为已经初步有了相应责任认定，但是没有确定其刑事责任的量刑。虽然说只要是违法行为就应该遵照我国《刑法》的规定追求当时人的刑事责任，但是目前如果没有行政监管部门的取证调查和案件移交，司法机关不会主动立案审查。这导致了大量的网络广告违法案件由于缺少行政执法程序和刑事诉讼程序的有效衔接而搁置。因此，即使我国网络广告存在着很多问题，但是目前因为网络广告违法案件而被追究刑事责任的案例少之又少。

3. 监管范围不够全面

在以往的网络广告监管过程中，政府行政监管部门往往将监管的对象范围仅仅集中在网络广告的内容本身，不能对网络广告整体动态过程进行全面的监测和监管。例如，许多地方行政监管部门在实际的网络广告监管工作中，只采取对广告发布媒体的监测、取证，对于网络发布平台做到了及时的监管。但是，对于网络广告的来源，广告主和网络广告经营者却缺乏实质有效的监管措施，使得违法网络广告一而再、再而三地出现在网络

空间中，持续对网络广告市场造成侵害。

三、行业自律存在问题的成因分析

（一）网络平台监管的利益摇摆性

由于网络广告传播速度的加快、数量的急剧增加，政府行政监管部门不可能将每一条网络广告都进行审核，因此，对于绝大多数的网络广告而言，网络发布平台的自律性监管和审查就成为网络广告监管的重要手段。网络平台也具有其相应的特殊性，它既是行业自律监管的主体，又是政府监管的客体。

作为自律监管的主体，网络平台应该从网络广告行业长远发展的角度出发，为净化网络经济环境而主动、积极地发挥行业自律监管的职能，承担起网络广告的监管责任，坚决抵制网络广告的欺诈、违法行为，不允许任何破坏网络经济发展的不安定因素存在。但是从经济利益角度来看，网络平台作为网络经济市场中的经济主体，网络广告活动活动会为其带来巨大的利润回报，在这种经济利益的驱动之下，网络广告平台往往处在监管与利益的矛盾漩涡之中。许多网络平台在经济利益面前忽视了自己自律监管主体的身份，在网络广告违法行为面前变得盲目，放松甚至放弃了对与网络广告的监管和审核，在某种程度上成为网络广告监管的真空地带，使违法广告得以发布和传播。所以说，网络平台既是网络广告监管的执行者，同时也是违法网络广告问题的制造者；既是网络广告活动的主体，又是受政府监管的客体。在这种双重身份的摇摆之下，为网络广告的监管带来了一定的摇摆性和不确定性。

（二）网络平台监管主体的身份模糊性

我国现行的《广告法》总则第二条规定："本法所称广告主，是指为推销商品或者服务，自行或者委托他人设计、制作、发布广告的自然人、法人或者其他组织。本法所称广告经营者，是指接受委托提供广告设计、制作、代理服务的自然人、法人或者其他组织。本法所称广告发布者，是指为广告主或者广告主委托的广告经营者发布广告的自然人、法人或者其他组织。”通过《广告法》的明确指示，网络广告主、网络广告经营者、网络广告发布者的定位、职责和权限都已经有清晰的界定，但是网络平台却同时具有这三种身份的主要特征，使其自身的定位开始模糊不清。比如，业内俗称的DSP（Demand Side Platform，即广告需求方平台），由于最接近广告主，而且在实际操作中，能够控制广告主准备投放的广告内容，所以2016年出台的《互联网广告管理暂行办法》规定，广告需求方平台的经营者，就是互联网广告发布者或者广告经营者。随着网络广告主、网络广告发布者、网络广告经营者这三大身份界限的日益模糊，网络广告平台的角色会不断地重叠和转换，使得网络平台已经出现了监管主体认知区分困难的局面，自己既是行业自律的监管主体，同时又是被监管的客体，承担的责任也模糊不清，造成了网络广告行业的混乱，也给网络广告的监管带来极大的困难。

（三）网络平台监管的形式化

从目前的网络广告监管情况来看，我国网络平台对于网络广告行业自律监管都出台了相应的规范和守则，但是由于其并不具备政府行政监管部门的权威性，从而很难获得网络广告主、网络广告经营者的认同，进而很难实行其有效的自律监管。网络平台行业自律监管的权力来源于网络平台的自身赋予，而不是通过政府部门的权威，也没有法律的权利授予，进而在推行网络平台监管的过程中缺乏具有强制力的手段。对于网络广告违法行为的处罚也仅仅停留在网站曝光、行业通报等方式，起不到惩戒的作用和效果。所以说网络平台的监管措施大多流于表面，因不具备法律效力而变得形式化，难以发挥真正的作用。对于网络平台来说，各自内部的自律水平一直存在着差异化的状态。大型的网络平台因为知名度高，受众群体多，关注度高等特点，会本着向消费者负责的心态而对网络广告进行严格的监督和审查，但是对于一些规模较小、受众群体小的网络平台而言，在网络广告监管问题上放松自我要求，将网络广告的监管形式化，做面子工程，导致网络广告行业的整体水平参差不齐。

（四）网络平台监管技术水平低

网络广告的监管是网络平台评估网络广告效果的重要考量因素之一。但是，我国网络平台往往注重在经济利益的方面加大技术投入，而忽视对于网络广告监管的技术投入。每天由网络平台而发布的网络广告数量巨大，网络平台现在的技术能力还达不到逐一进行有效检查的程度。以新浪微博为例，在新浪微博平台上的广告发布和传播，新浪作为最为关键的监管主体，在广告传播的过程中因信息的自由度而无法统一进行监管，虽然说微博是一个信息的共享平台，但是网络广告的充斥似的使其丧失了对于微博平台的控制力，失去了网络广告监管的优势地位。被网民看成“道德上的缺失”和“缺乏社会责任感”的表现。其实，新浪微博的传播特性导致信息传播频率太快，平台内容更新率更快，这在很大程度上造成了新浪对于微博平台广告的监督和检查，许多违法的广告内容就出现在了微博平台之上，进而造成网民对于新浪微博的反感。所以说，某些时候网络平台并不是道德缺失，也不是缺乏社会责任感，只是技术延后，给网络广告的行业自律监管造成了很大的困难。

第六章 我国网络广告的治理体系建构

我国网络广告产业发展及其市场的形成，是网络经济时代发展的必然产物。网络广告监管上出现的诸多现实问题，在很大程度上源于监管体系建构的结构性缺陷和失衡。而有效监管网络广告的根本出路，还在于在总结和坚持传统有效做法的同时，突破现有广告监管法律规制、行政规制、行业自律和社会监督等方面的监管理念和旧有范式，实现网络广告管理由传统广告监管向现代广告治理的全面转型，对我国网络广告的规制体系进行改进完善和重新建构，寻找出重塑网络语境下的网络广告有效监管的实现路径。

我国网络广告监管模式的形成，既适应了网络经济时代和信息技术的发展要求，也体现了我国市场经济特别是网络经济时代的运行现状，因此，在广告监管模式是极具中国特色的模式，有其长处，也有不足，需要在实践中不断地加以完善。

要分析我国网络广告的监管模式，首先就要把握监管模式的主要特征。

1. 我国网络广告监管体制是政府主导型的行政监管模式。其突出特点就是政府监管为主、行业自律为辅，在网络广告的监管中，借助政府的行政力量和资源，以国家相关部门制定和通过的有关广告管理政策、法律、法规为主要手段来对网络空间中的广告活动进行监管。虽然我国网络广告监管体系是由政府行政监管规制、行业自律规范和社会监督约束几个方面构成的，但由于政府之外的其他监管力量如广告行业自律和社会监督机制比较弱小，对政府监管的依赖性比较强，这与中国网络广告业自律文化的缺失有关。

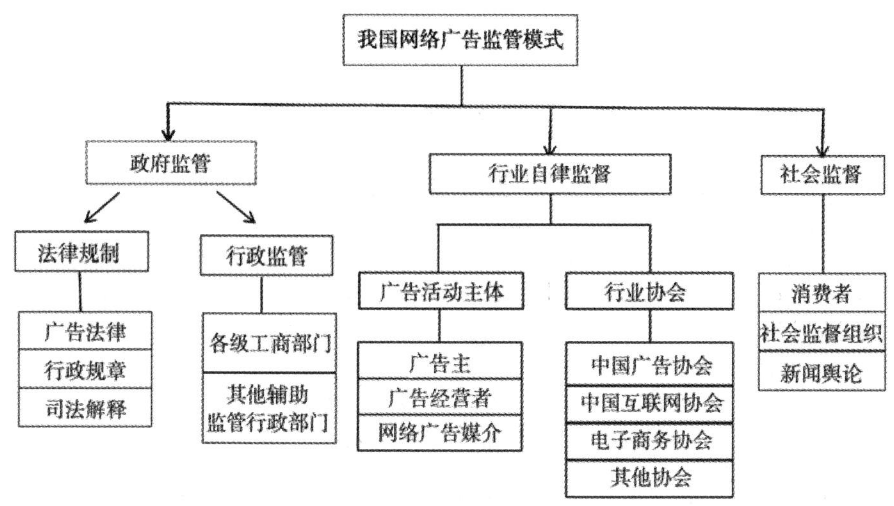

图6–1　我国网络广告监管模式示意图

2. 在中国传统广告监管体制中，有明确的监管主管机关，即各级政府工商行政管理部门。网络广告属于广告的一种形态，也在市场监督部门监管的范围内。2015年修订后的《广告法》已经将网络广告纳入了市场监督等行政管理部门的监管范围之内。从国务院明确的职能分工来看，国家市场监督管理总局是网络广告行业监管的主要部门，具有法定的广告监管职能，同时也承担对网络广告行业进行行政指导的职责。在管理体制上，省以下工商行政管理局实行的是垂直管理。

3. 我国的广告监管体制是一种多部门协作的广告监管模式（图6–1）。除了市场监督管理部门对广告的监管外，特定的行业主管部门也对监管负有责任。比如，各级宣传部门对广告宣传导向的管理，广播影视部门对广播电视广告管理等，还有如卫生部门对医疗广告，食品药品监督部门对药品广告，农业主管部门对农药广告、兽药广告要进行前置的审批。对于网络广告的监管仍然沿续着这样一种监管模式，只不过涉及的协作管理部门更多了，如通信管理部门对互联网广告有配合工商局管理的相应责任。

上述特征的归纳和总结，客观地反映出了我国网络广告监管上体制、机制、管理模式上的深层次问题，难以适应网络经济发展和现代社会治理的时代要求，全面推进适应时代发展要求的现代网络广告监管体系建设已经势在必行。

一、我国网络广告监管体系建构的前提

从1997年第一条网络广告发布至今，中国的网络广告已经有20年的光景，网络广告市场的发育日益成熟。对于网络广告的监管规制，也从乱象丛生的失控期（1997—1999年），历经探索期（2000—2002年）、雏形期（2003—2006年）、成长期（2007—2014年），再到法律规制、行政规制、行业自律、社会监督体系初步定型的强化期（2015年《广告法》修订以来），网络广告的监管由空白到杂乱再到有序规范，开始走上规范化、制度化、法治化的轨道，开启了网络广告管理由传统监管型向现代综合治理的全方位转型的历程。从目前网络广告监管体系建设来讲，基本上具备了三大前提条件。

（一）理论前提：推进我国治理体系和治理能力现代化的理论建构

理论源于实践，也指导实践。2014年10月28日召开的中共十八届三中全会，做出了全面推进依法治国的重大决策，这在中国行政体制改革的发展史上，是一件具有里程碑意义的大事。在《中共中央关于全面深化改革若干重大问题的决定》中第一次提出：要全面深化改革、推进国家治理体系和治理能力的现代化。这是适应我国社会的全方位转型、实施全面依法治国的重要举措，也是完善社会主义制度的重大理论突破。习近平同志指出："国家治理体系和治理能力是一个国家的制度和制度执行能力的集中体现，两者相辅相成。我们的国家治理体系和治理能力总体上是好的，是有独特优势的，是适应我国国情和发展要求的。同时，我们在国家治理体系和治理能力方面还有许多亟待改进的地方，在提高国家治理能力上需要下更大气力。"[①]习近平还在《人民日报》上发表文章指出："国家治理体系是在党领导下管理国家的制度体系，包括经济、政治、文化、社会、生态文明和党的建设等各领域体制机制、法律法规安排，也就是一整套紧密

① 习近平. 习近平谈治国理政（第一卷）[M]. 北京：外文出版社，2018：105.

相连、相互协调的国家制度；国家治理能力则是运用国家制度管理社会各方面事务的能力，包括改革发展稳定、内政外交国防、治党治国治军等各个方面。”[①]他不仅阐释了国家治理体系和治理能力现代化的基本内涵，而且要求我们要切实把思想统一到党的十八届三中全会精神上来。正所谓“一石激起千重浪”，推进国家治理体系和治理能力现代化作为我们党探索社会主义社会治理取得的最新成果和重大战略，自从提出就引起了全社会的普遍关注。

学术界对这一重大理论问题进行了持续广泛的探讨。陕西省社科院政治与法律研究所助理研究员张燕玲认为，习近平关于国家治理体系的理论阐释，从政治属性、治理结构、治理目标三个方面，具体阐释了国家治理体系现代化建设的内涵。在政治属性上，这个治理体系是中国共产党领导和推动下治国理政的制度体系及其程序，集中体现了中国特色社会主义制度的本质；在治理结构上，这个治理体系包括了经济、政治、文化、社会、生态、党的建设在内的六大系统；在治理目标上，就是要实现国家治理体系的规范化、法治化、民主化、效率化、协调性五个方面。同时她也指出，社会公共事务的多方合作治理才是真正的认识并把握了治理能力现代化的精神，才是有效的治理；从权力运行角度讲，有效的政府治理，必须合理定位政府职能；从组织结构角度讲，有效的治理，必须以科学合理的政府组织结构为基础，重点是要优化政府职能配置、机构设置、工作流程，完善决策权、执行权、监督权既相互制约又相互协调的行政运行机制，用机制再造流程、简事减费、加强监督、提高效能。[②]对于国家治理体系和治理能力的现代化，最高人民法院副院长江必新认为，就是要运用法治思维和法律制度治理国家，把具有中国特色的社会主义各项制度优势转化为治理国家的效能。中国社会科学院研究员辛向阳指出，这两种观点都有一定道理，但也有其不足。他认为，国家治理体系是通过研究和学习治理理念精神，把握治理理念本质，从而建立的能够使国家顺利运行的机制体制。他还具体辨析了国家治理体系和治理能力现代化的基本标志。关于

---

① 习近平. 切实把思想统一到党的十八届三中全会精神上来［N］. 人民日报. 2014-01-01.

② 张燕玲. 如何准确理解国家治理体系和治理能力现代化［J］. 理论导报，2014（04）：13-14.

国家治理体系的现代化标志：其一，基本制度符合现代化的国家治理（公共治理）；其二，权力交接有制度安排而平稳有序；其三，是以现代化的治理理念和现代技术为支撑的组织体系；其四，治理成本较低而效能较高；其五，廉洁治理、风清气正。关于国家治理能力的现代化标志：一是以制度为基础处理各种重大关系（中央与地方、党与政府、政府与市场、政府与公民等）；二是各个治理主体到位不越位、有为不乱为，达到竞争有序、调控有度、积极有为、创业有利；三是形成让一切劳动、知识、技术、管理、资本的活力竞相迸发，以及让一切创造社会财富的源泉充分涌流的局面。①

总之，中共中央关于国家治理体系和治理能力现代化的提出和阐释，不仅是当代中国的深化改革的方向标，也为中国的发展建设提供了的源动力。网络广告的科学治理作为整个市场经济秩序治理体系中的重要内容，也必然纳入整体中国治理体系和治理能力现代化建设的总体布局当中，并为科学有序地构建网络广告的治理体系及模式，提供了基本理论指导和政治保障。

（二）制度前提：我国网络广告市场的法律规制体系的初步建构

法律规制系统是政府依法监管行为的前提条件。经过中央和各地方政府多年来的努力实践，政府规制网络广告的法律规制体系得到进一步的完善，初步形成了以《广告法》为核心和主干，以《广告管理条例》等行政法规为必要补充，以国家市场监督管理总局单独或会同有关部门共同制定的行政规章和规定为具体操作依据，以地方行政规定和相关司法解释为实际针对性措施的多层次法律体系。

在法律规制的层面，1995年2月1日实施的《中华人民共和国广告法》，是广告法律体系的主干核心，不仅是制定广告规制行政法规、地方性行政法规和行政规章的依据，也是广告司法和广告执行的法律依据，在规范我国广告市场秩序、保证经济健康发展上，起到了重要的法律规制作用。适应互联网技术与广告产业的融合发展，网络广告应运而生而且发展迅猛，

① 辛向阳. 国家治理体系和治理能力现代化的基本内涵［J］. 马克思主义文摘，2014（07）：31–32.

所占市场份额越来越大，广告监管缺失的问题也相应出现。为了规范广告行为、维护市场秩序，保障广告产业的健康有序发展，2015年4月24日，全国人大审议通过了新修订的《中华人民共和国广告法》。2021年4月29日第十三届全国人民代表大会常务委员会第二十八次会议对《广告法》进一步修改。《广告法》是广告法律体系的主干和核心，这种重新修订不仅十分必要，更具有体系建构上的重大意义。在法律层面《广告法》与国家颁布的其他法律相配合共同发挥法律效力的如《反不正当竞争法》《消费者权益保护法》《药品管理法》《食品卫生法》《产品质量法》《烟草专卖法》《文物保护法》《专利法》等法律，都有涉及广告的规范内容，在规制广告活动上起着直接或间接的作用，是我国广告法律规制体系的重要组成内容。

除了上述基本法律外，在行政法规、行政规章和司法解释等层面，相应的法律规制也在日益完善。1987年颁布的单行广告法规《广告管理条例》作为《广告法》的必要补充，仍然在行政法规的位阶上继续发挥作用。2004年发布的《广告管理条例实施细则》，是依据《广告法》和《广告管理条例》而制定的具体规定，有很强的针对性和操作性，同时又处于不断充实完善的过程中。还有，由原国家工商行政管理总局根据广告管理实际需要和行政执法中发现的问题而下发的近百个行政文件，如《关于限期输广告经营资格检查的公告》《关于发布违法广告但未收取广告费案如何认定问题的答复》《关于严禁在商业广告中使用国家机关名义的紧急通知》等，构成了广告法律体系的基本架构。此外，地方性法规和规章，具有因地制宜的特点，也是我国广告规制法律法规的重视补充，为完善国家的广告法律体系提供了有益的实践依据。除了上述法律法规和部门规章，司法解释在维护广告市场秩序、加强广告监管中也扮演着重要的角色，如最高人民法院、最高人民检察院2013年5月3日发布的《关于办理危害食品安全刑事案件适用法律若干问题的解释》等，对于规范食品广告行为、维护食品安全方面也起到了相应的规范作用。总的来说，网络广告作为广告产业的一种新业态，自然也会受到广告法律规制体系的约束和调整。

针对网络广告的特殊性，国家及各地市场监督管理等部门也已经制定出了一些相关的规章制度。例如，2000年5月，原北京市工商行政理局印发的《关于对网络广告经营资格进行规范的通知》，已开始对网络广告经营者的经营资格进行规范。同年8月，又印发了《经营性网站备案登记管理暂行办法》以及《经营性网站备案登记管理暂行办法实施细则》，对经营性网络实施统一备案登记制度。2001年3月，又印发了《北京网络广告管理暂行办法》，正式为网络广告法律规制立规。2002年2月，浙江省工商局印发了《浙江省网络广告登记管理暂行办法》，为网络广告发放准入证；在地探索实践的基础上，为了适应进一步规范广告活动、促进广告业健康发展和保护消费者利益的需要，2015年4月国家颁布的新《广告法》，明确将网络广告纳入监管的范围中。2016年6月，国家互联网信息办公室相继印发了《互联网信息搜索服务管理规定》《移动互联网应用程序信息服务管理规定》。2016年7月，原国家工商行政管理总局印发了《互联网广告管理暂行办法》，针对互联网广告的特点，着眼解决互联网广告中发布链条长、参与主体众多等特殊问题，对网络广告活动的各类主体的权利义务、法律责任进行了划分和规制，具有较强的针对性和可操作性，进一步提高了网络广告监管执法的规范化、程序化、制度化、法治化水平。2017年1月，中共中央办公厅、国务院办公厅印发了《关于促进移动互联网健康有序发展的意见》，就移动互联网管理提出了六个方面24条具体意见，坚持政策引导与依法管理相统一，对移动互联网信息服务实行分类管理。2017年5月，国家互联网信息办公室印发了《互联网信息内容管理行政执法程序规定》，共8章49条17个附件，为互联网信息内容管理部门依法履行行政执法职责提供了政策依据。2019年12月，国家互联网信息办公室印发《网络信息内容生态治理规定》，旨在营造良好网络生态，保障公民、法人和其他组织的合法权益，维护国家安全和公共利益。2020年6月，国家互联网信息办公室联合多部委共同实施《网络安全审查办法》，在网络空间形势日益尖锐复杂的情况下，针对我国网络空间治理的核心问题和关键环节，聚焦关键信息基础设施供应链安全，加强网络安全综合治理的措施。2020年9月1日，浙江省开始正式实施《浙江省广告管理条例》，对互联网广告提出了新的要求，如利用电视、互联网发布或者发送广告，不得影响用户正常使用电视、互联网；互联网广告经营者、广告发布者在审核含有链接页面的广告内容时，应当一并审核所链接的下一级页面中与前端广告相关的内容；明知或者应知所发布的广告链接页面存在违法广告的，应当予以制止；互联网信息服务提供者应当在其广告展示页面中标明广告发布者名称，应当对通过其平台发布的广告进行监测，明知或者应知存在违法广告的应当予以制止。①总之，这一系列的法律规制的出台及实施，构建形成了我国现行的广告法律规制，涉及法律、行政法规、行政规章及其他规范性法律以及司法解释四个层面的针对国广告市场包括网络广告监督管理的法律规制体系，尽管需要随着时代发展加以修改完善，但这些法律规定无疑为指导我国网络广告监管体系建构提供了基本的制度遵循。

（三）技术前提：我国信息网络技术的高速发展并日臻成熟

我国接入国际互联网虽然不到30年的时间，但发展成就是令人瞩目的。在刚刚过去的国家“十三五”规划时期，网民规模增长到9.89亿，已建成5G基站71.8万个。信息技术创新能力持续提升，我国全球创新指数排名跃升至第14位。数字经济发展活力不断增强，我国数字经济核心产业增加值占GDP比重达到7.8%。②在数字治理方面，截止到2019年底，全国一体化政务服务平台整体上线试运行，接入地方部门360余万项服务事项和一大批高频热点公共服务。国家政务服务平台汇聚各地区政务服务事项数据2800多万条、政务服务办件数据5.51亿条、总访问人数10.4亿人，注册用户1.35亿。国家数据共享交换平台共发布1300多个数据共享服务接口，近2000项群众和企业办事常用数据被列入部门数据共享责任清单。全国人大建设完成法规备案审查平台。全国政协开通委员移动履职平台进行网络议政远程协商，近2000名全国政协委员在移动履职平台上发表1.4万余条意见建议。智慧法院建设加速推进，中国裁判文书网累计公开文书9600余万篇，累计访问量突破450亿人次。中国法律服务网累计访问13亿人次，实现

① 浙江广告管理条例_浙江省市场监督管理局网站［EB/OL］. http: //zjamr. zj. gov. cn/art/2020/7/31/art_1228969897_53839838. html2021-3-22.

② 国家互联网信息办公室发布《数字中国发展报告（2020年）》_网信办网站.［EB/OL］. http: //www. cac. gov. cn/2021-04/29/c_1621275347055808. htm2021-3-26.

公共法律服务“抬头能见、举手能及、扫码可得”。全国检察机关统一业务应用系统2.0版启动试点应用，开启新时代检察信息化办案新模式。各地区“一网通办”“异地可办”“跨区通办”渐成趋势，“掌上办”“指尖办”逐步成为政务服务标配，不断优化营商环境，2019年我国在全球营商环境排名大幅上升至31位。①生态环境的数据化管理技术成为推进环境治理体系和治理能力现代化的重要手段，全国环境监测网络持续健全，为开展污染防治监管执法联防联控提供精准支撑。应急管理信息化体系加快完善，风险监测预警能力全面提升。

信息通信技术的数字化、网络化、智能化的快速发展，不仅在引领生产的新变革、创造生活的新空间，也在拓展国家治理的新领域，极大地提高了人类认识和改造世界的能力。互联网是技术密集型产业，是技术更新升级最快的领域之一。网络广告依托的载体是网络媒体和信息数据，对其实施有效的监管必须以强有力的专业技术支撑为保障。网络广告市场在中国从起步到今天，除了法律法规、体制机制、人员队伍等方面的因素外，一个很重要的方面就信息技术的因素。从网络广告的发展态势看，网络广告日趋地高智能化、与受众互动也在日益增强，对于网络广告技术监管的手段要求也越来越高。与西方发达国家相比，网络广告监管上的缺失滞后，很大程度上有技术滞后的因素。如今，中国信息网络技术已经从“跟跑”到“并跑”，而且已经开始冲击领航者角色。中共十八届五中全会、“十三五”规划纲要对我国全面实施网络强国战略、“互联网+”行动、大数据战略等作出了具体部署。十二届全国人大高票通过了国家《网络安全法》，2016年7月，中央办公厅、国务院办公厅印发了《国家信息化发展战略纲要》（中办发〔2016〕48号），国家网信办也发布了《互联网信息搜索服务管理规定》《移动互联网应用程序信息服务管理规定》等一系列规范管理文件，我国互联网发展已经走上了科学发展的快车道。2017年2月7日，中央办公厅、国务院办公厅又制定印发了《国家电子政务总体方案》，明确了国家电子政务建设的指导思想、基本原则、总体架构和建设

① 数字中国建设发展进程报告（2019年）_网信办网站［EB/OL］. http: //www. gov. cn/xinwen/2020-09/13/content_5543085. htm2021-3-26.

内容，就全面推进政府的电子政务建设、建设网络强国进行了顶层设计。这无疑也为中国的法治建设包括依法治理网络广告市场，提供强有力的技术前提。截止到2020年，我国网络空间正能量更加充沛，积极健康、向上向善的网络文化资源不断丰富。《网络信息内容生态治理规定》《网络音视频信息服务管理规定》相继出台，网络综合治理更加完善。数据安全保障不断强化，《数据安全管理办法》等向社会公开征求意见。法治体系建设加快推进，《电子商务法》《区块链信息服务管理规定》发布实施。《关于强化知识产权保护的意见》印发实施，知识产权保护法规政策体系日趋完善。数字治理规则逐步建立，人工智能、数字经济、个人信息保护等相关管理制度机制不断健全。①

二、我国网络广告监管体系的构成要素

从系统论角度讲，体系是由众多结构要素所构成的完整系统。网络广告监管本质上是一种规范控制行为及其活动，属于广告监管的范畴，它受到诸多因素影响和制约。从构成要件来讲，包括由监管主体、监管对象、法律规制、体制机制、技术系统、市场环境等要素；从规制主体角度来讲，则包括政府机关、行业协会、社会规制主体、广告企业等要素；从监管规制方式来说，这个系统又包括法律规制、行政监管、行业自律、舆论监督等要素组成的系统。目前，我国现行的互联网监管系统，来自承担监管政策法规制定者、组织实施者或监督反馈者的各级政府管理部门、行业自律组织、互联网平台企业等，这些部门（单位）或组织是主要的监管构成主体，形成我国整体体制的基本架构。本文从监管活动中由“谁来管”“管谁”“怎么管”等角度，具体分析网络广告监管体系中的主要构成要素。

① 数字中国建设发展进程报告（2019年）_网信办网站［EB/OL］. http: //www. gov. cn/xinwen/2020-09/13/content_5543085. htm2021-3-26.

(一)监管主体

1．政府职能部门——行政监管机构。我国现行的广告监管体制，包括对网络广告活动的监管，是以政府监管为主。具体采用的是以市场监督管理局为主、多部门协作的行政监管模式。因此，在网络广告的监管主体上，又可分为主管机关和协管部门两类。根据《广告法》和《广告管理条例》的规定，各级政府市场监督管理部门是法定的网络广告监管的行政主体，是执法者，依法行使行政监管职权。目前，我国市场监督管理机关自上而下，设置形成了四级机构体系：第一个层级是国家市场监督管理总局，代表中央政府对整个广告市场包括网络广告活动进行全面的监督管理，下设广告监管司，承担具体监管职能。第二个层级为各省（区、市）和计划单列市的市场监督管理局，受省级政府和国家市场监督管理总局的双重领导，内设广告监管处承担具体监管职能。第三个层级为地区和市级工商行政管理局，内设广告管理科。第四个层级为县级市场监督管理局，内设广告监管股。省以下市场监督管理局实行垂直管理，形成了层次分明的垂直组织系统。其具体职能包括：（1）负责网络广告的立法和法律解释；（2）负责网络广告经营主体资格的审核；（3）负责网络广告的过程监管；（4）负责网络广告违法案件的查处与复议；（5）协调服务与行业指导五项职能。

由于网络广告的复杂性，涉及国民经济的各个部门，只靠市场监督管理机关执法，难以实现对网络广告有效的监管。所以，在对广告监管的实际工作中，特定的行业主管部门或单位，如宣传、新闻出版、卫生、食药监、中医药、广播电影电视等部门，也对网络广告监管负有相应的审查管理责任，在网络广告行政规制的主体上，形成了“市场监督为主、多头规制”的情况。这些相关职能部门主要职责是，在广告代理和发布前，对广告主的主体资格、广告发布的信息内容、广告形式等要进行审查，并出具证明文件。这种行政性审查涉及的商品主要有：药品、医疗、医疗器械、农药、兽药、保健食品等重要商品。

2．广告行业协会——行业自律组织。广告行业协会参与广告市场的监督、治理，代表本行业维护行业利益，实际上是一种内部的自我约束机制。从1983年中国广告协会创立开始以来，依托各级市场监督管理局，从上至下都相应地成立了广告协会，是政府市场监督管理部门指导下的广告行业组织，属于非营利性社会团体组织。各级广告协会组织具体的职能定位，主要是广告界的行业自律、规范发展、指导服务、自我监督，实际上充分了政府与广告企业之间的中间人角色，一方面是政府指导规范、联系服务广告企业的桥梁和纽带，另一方面也是反映广告企业等的利益诉求的代表和窗口，在广告监管中有着政府无法替代的角色作用。

2007年6月14日，经原国家工商行政管理总局和民政部批准，中国广告协会互动网络委员会在北京成立，这是在互联网web2.0以及web3.0来临时代，互联网高速发展时期，为了维护网络广告信息的真实性、可靠性，由具有权威性的传媒企业共同发起的民间协会组织。在成立大会上通过并签署了我国第一部自律守则——《中国互动网络广告行业自律守则》，对各成员进行规范与管理。《自律守则》涉及的主体包括广告主、网络广告经营者、网站及其他与网络广告活动的公司及个人。服务受众中包括互联网企业、大型门户网站、地方门户网站、垂直网站等，成员有：保利传媒、易传媒、中视传媒、分众传媒、光线传媒、本山传媒、华视传媒、华谊兄弟、风驰传媒、仁合传媒等。

3．社会监督组织——民间治理力量。社会公共治理是当代治理的基本趋势，随着我国经济社会的转型发展，我国社会的治理结构也在发生着重大的变化。除了政府继续发挥着社会治理主要功能之外，大量的社会组织、民办非企业单位等蓬勃发展，代表着社会中多样化的利益阶层的利益，参与到社会的治理当中，与政府、行业自律组织构成了中国治理体系的重要组成部分。在网络新媒体发展的新形势下，网络广告已经深深影响了人们的日常生活，对网络广告的监管仅仅依靠单一的政府行政监管远远不能适应社会治理的要求，行业自律组织对业内的自我约束规范，由于受到政府行政管理部门的影响，缺少相对的独立性，自我的规范约束也是有限度的，因而，重视发挥如消费者协会、新闻舆论媒体等民间机构的社会监督作用，利用微信、微博、论坛、博客等舆论媒体进行搜索曝光、热点评论，甚至公开点名要求政府行政机关作出相应处理等方式，向违法的网络广告相关主体施加压力，造成舆论监督氛围，成为网络广告监管的有益补充，是对虚假违法广告有效治理的不可或缺的重要约束力量。

1984年12月，为了对商品和服务进行监管和管理，国务院批准成立了中国消费者协会，这是旨在保护消费者合法权益的全国性组织。中国消费者协会的组织机构是理事会，采取会长负责制，常设秘书长、专职秘书长等职位，并有日常性的工作机构，并且消费者协会的经费由政府资助和社会赞助。目前，省级以上的消费者协会有31个，地方消费者协会总数已突破3000个。同时在农村乡镇，城市街道设立的消费者协分会，在村委会，居委会，行业管理部门，高等院校等组织团体中设立了监督站、义务监督员等监督服务岗位，目前，维权志愿者10万余名，联络站等各类基层网络组织超15万个。

（二）监管客体

政府市场监督管理部门与网络广告活动的当事人之间的关系，本质上是一种行政管理的法律关系。在网络广告的监管体系中，被监管的对象则是监管的客体，是构成网络广告监管体系的基本要素。在这个客体中涉及广告的投资者、广告制作企业和网络媒体，形成了广告经营活动相互依存有机联系的利益链。政府过去对广告的监管涉及这三方是界限分明的，监管也是有序的。但是在网络新媒体下，这个监管的客体身份相互交织叠加，具有了监管对象的特殊性。由于利益的驱动，这三大主体常常利用网络广告监管的法律缺陷，逃避政府的监管。但从政府的监管角度说，网络广告监管工作量大、情况复杂、范围广，监管常常力不从心，如何调动企业被监管对象自我约束的积极性，实现自我规制，也是一种必然的要求。网络广告的三大主体：广告主、广告经营者、广告发布者，既是政府行政监管的客体，又是自我监管的主体；既是监督者，又是被监督的对象。就网络广告本身来讲，也离不开他们自我审查式的自我监督。20世纪80年代后期，我国逐渐建立起了由广告经营者和发布者共同参与，并以广告经营者为主体的广告审查制度，由广告经营 者、发布者和广告主，在广告发布前，对广告进行自律性的审查把关。网络媒体作为网络广告的主要经营者和发布者，在其内部或设有专门参与审查的具体管理部门，涉及合同管理、广告投放、法律事务等方面的审查。这些部门各司其职、相互协作，从各自职责角度对网络广告进行审查，并提出广告是否合格的审查意见。网络媒体的自律审查通常包括：对网络广告页面的审查，对广告形式的审查和对广告内容的审查。按照我国现行的广告监管的法律规制，每个广告发布单位要发布广告，都应有专门审查资质的广告审查员，从广告开始制作到广告发布的整个流程中，对广告内容进行自律性的审查。除了对网络广告进行审查之外，一些网络媒体还会以广告客户进行培训，协助客户规范自身的广告行为，这也是一种有效的自律规制方式。

（三）规则系统

在网络广告监管的体系中，联结监管主体与监管对象的制度纽带，就是监管规制，它决定着监管体制、执行机制，体现着监管的运行模式。从大的方面讲，“网络广告规制是政府或社会对网络广告产业主体及其行为的监管，它包括法律规制、行政规制、行业自律规制和社会规制等方面”[①]，构成了我国的网络广告监管的规制系统。目前，我国对网络广告的监管，形成了以政府规制为主、行业自律规制和社会规制为辅的政府主导型规制模式，其中，政府规制最重要的手段，是法律规制和行政规制。

从我国现行的广告法律规制体系看，基本上是以《广告法》作为核心和主干，以《广告管理条例》《广告管理条例施行细则》等行政法规作为必要的补充，并以国家市场监督管理总局单独或会同有关部门共同制定的行政规章和规定为具体操作为具体行政执法的依据，如2016年7月，原国家工商行政管理总局颁布的《互联网广告管理暂行办法》等，以及以地方行政规定和相关司法解释为实际针对性措施的多层次法律体系。

从我国现行的行政规制体系看，是以法定的市场监督管理部门垂直型的组织体系监管为主，其他行政部门按照网络广告的商品或服务属性，或按照其所依托的媒介载体的不同，根据各自的职能分工，各司其职，各负其责，从而形成了市场监督牵头抓总、其他职能部门配合的通力协作的监管架构。这与西方国家如美国以行业自律为主，政府规制为辅的网络广告

① 黄河，江凡，王芳菲. 中国网络广告十七年（1997—2014）[M]. 北京：中国传媒大学出版社，2014：248.

监管模式有很大的不同。

伴随着我国社会主义市场经济的不断发展，以及现代社会治理理念的广泛应用与实践，在广告规制体系建设上，行业自律规制和社会规制体系建设也得到很大的加强和改进。但从实际情况看，我国网络广告行业自律和社会监督还相对比较弱，各级广告行业协会依附政府市场监督管理部门，带有半官方的色彩，发挥的作用还有限。在消费者协会、新闻舆论单位及广大消费者参与网络广告的治理上，由于发挥监督的能量有限，以及与广告企业之间存在的错综复杂的利益关系、规制成本较高，也使网络广告受众在维权上面临着诸多的困境。

（四）市场环境

网络广告监管环境是网络广告监管主体、监管对象及监管活动赖以存在的社会基础，是构成网络广告治理体系建设不可或缺的构成要素。网络广告市场的所有行为活动，都是各个活动主体与其依存的网络广告市场生态环境的交互作用中实现的。现代公共治理理念要求市场必须拥有良好的竞争秩序与和谐稳定的社会关系，所以，网络广告的监管工作应加强工作主体与监管对象之间的互动，积极推动诚信建设与和谐社会关系的形成。为了推进社会信用体系建设，2014年6月，国务院印发了《社会信用体系建设规划纲要（2014—2020年）》，对于全面推进我国政务诚信、商务诚信、社会诚信和司法公信建设，进行了顶层计划和全面规划。其中，专门把会展、广告领域信用建设作为一项重要内容，直接关系到网络广告的市场生态。

建设网络广告市场环境，应着眼增强管理的效能，坚持硬约束与软约束相统一。一方面，坚持依法管网、以网管网、信用管网和协同管网，通过对网络虚假违法广告的治理整顿，狠抓案件查办，形成有力震慑，防止因网络欺诈广告、虚假违法广告造成的社会诚信缺失、信任危机，促进广大消费者与广告活动主体、广告监管部门之间的和谐；另一方面，通过人性化的执法，使被处罚的广告企业或责任人理解行政执法的初衷，认识违法行为的危害性，引导网络广告行业企业主动维护行业利益、参与监督管理、抵制违法行为，促进监管者与被监管者之间的和谐发展。同时，在社会上广泛宣传新修订的《广告法》《互联网广告管理暂行办法》，扩大宣传覆盖面，提高知晓率，为互联网广告活动各参与主体和广大消费者解疑释惑，营造监管执法的良好社会氛围。

三、我国网络广告监管体系中的政府监管职能设置

目前，对我国网络广告进行政府行政监管的主体大致分两大类：一类是主管机关即各级政府市场监督管理机关；另一类是根据媒介属性及广告之商品属性，对之进行审查的其他行政部门。由于其职权范围有所不同，现实地反映了在网络广告监管体系中政府监管职能的设置状况。

（一）主管机关职能

根据广告法的授权，各级市场监督管理部门是广告，包括网络广告的法定监管机关，承担着对网络广告行政机关的主要职责。按照《广告法》第六条的规定："国务院市场监督管理部门主管全国的广告监督管理工作，国务院有关部门在各自的职责范围内负责广告管理相关工作。县级以上地方市场监督管理部门主管本行政区域的广告监督管理工作，县级以上地方人民政府有关部门在各自的职责范围内负责广告管理相关工作。"其主要职能有三个方面：（1）广告经营主体的市场准入审查和颁证；（2）广告业务活动的监督检查；（3）广告发布活动的日常监测。[①]

2012年2月23日，原国家工商行政管理总局等九个部门联合印发了《整治虚假违法广告专项行动部际联席会议工作要点》，明确了整治虚假违法广告涉及的各个部门的责任，特别是指定了市场监督管理部门作为牵头单位的责任。这些责任具体包括：一是组织协调的责任，定期会同有关部门研究解决广告监管中的突出问题；二是制定大众传播媒介广告发布行为规范；三是指导监督地方市场监督部门强化日常监管以及案件查处等，及时向成员单位通报，请有关部门对严重虚假违法广告约谈警告、追究责任等方面。

---

① 夏露. 网络广告监管机构体系与手段[J]. 物流与采购研究，2009(06)：59.

（二）协管部门职能

鉴于广告监管的商品及服务的复杂性和特殊性，《广告法》规定：利用广播、电影、电视、报纸、期刊以及其他媒体发布药品、医疗器械、农药、兽药等商品的广告和法律、行政法规规定应当进行审查的其他广告，必须在发布前依照有关法律、行政法规由有关行政主管部门对广告内容进行审查；未经审查，不得发布。《广告法》还规定：市场监督管理部门依法给予处罚的，应当通过新闻出版广电部门以及其他有关部门。新闻出版广电部门以及其他有关部门应当依法对负有责任的主管人员和直接责任人给予处分；情节严重的，可以暂停媒体的广告发布业务。所以，除市场监督管理机关外的其他行政部门，根据其职能分工对广告包括网络广告的监督管理，也负有相应的法定责任。否则，新闻出版广电部门及其他有关部门未依照规定进行处理的，对负有责任的主管人员和直接责任人员，要依法给予处分。所以在事实上，我国各地市场监督部门一直以来都重视监管执法上的协调配合，初步建立形成了执法协作 和信息沟通共享机制。2012年2月，国家九部门印发的《关于整治虚假违法广告专项行动部际联席会议工作要点》，具体明确了整治虚假违法广告专项行动部际联席成员单位，即有关党政主管部门的相应职责。

1. 党委宣传部门：负责新闻媒体广告内容导向管理，会同有关行政部门指导和监督媒体单位落实广告发布审查责任，建立和落实相应的领导责任追究责，杜绝虚假违法广告和新闻形式广告。

2. 互联网信息内容主管部门：负责指导、协调、督促有关部门加强互联网信息内容管理，依法查处违法违规网站，及时删除和关闭网上非法广告和低俗不良广告以及非法网站。

3. 公安机关：负责做好行政执法与刑事司法衔接工作，严厉打击发布虚假广告、制假售假、传播淫秽色情等犯罪行为。

4. 监察机关和纠风办：负责对有关行政机关依法行政、履行监管职责情况的监督检查，将虚假违法广告列为治理行业不正之风的重要内容，对疏于监管、失职渎职等行为，追究相关责任人的责任。

5. 通信管理部门：负责配合市场监督等部门规范互联网广告，对未取得经营许可或者未履行非经营性服务备案手续、擅自从事互联网信息服务的网站，责令当事人关闭网站，停止服务提供商提供的接入服务，并依法追究其责任。

6. 卫生医药管理部门：负责加强医疗机构及其网站发布的医疗服务广告和信息的监测，加强对相应的医疗机构的综合执法检查，对发布虚假违法广告和信息的医疗机构进行警告、责令其限期整改，直至吊销《医疗机构执业许可证》。

7. 广播影视行政部门：负责加强广播、电视广告监听监看，对违规违法广告的播出机构，依据有关规定，视情节轻重给予相应处罚，直至撤销频道（率）、吊销广播电视频道许可证，并追究播出机构相关责任人的责任。

8. 新闻出版行政部门：负责加强报刊广告审查工作，对广告违法率居高不下、被监管部门多次公告曝光、刊登虚假违法广告问题严重的报刊，给予相应的处理，如不得入选官方各类评奖和评优范围，依法给予报刊年检缓验等。

9. 食品药品监管部门：负责药品、医疗器械、保健食品广告的跟踪监测，以及违法广告涉及企业和产品的监管，对严重违法广告涉及的药品、医疗器械、保健食品生产企业，依法查处违法经营行为。

可见，对广告市场包括网络广告的行政监管，通过这种部际联席会议，初步形成了多部门齐抓共管、综合治理的广告监管执法联动机制；在工商系统内部统一监测、执法标准，推进区域执法协作上，也取得了重要进展。2016年7月，原国家工商行政管理总局印发了《〈互联网广告管理暂行办法〉贯彻实施工作的通知》中，再次明确要求各地工商行政管理部门要加强与各成员单位的沟通和联系，做好牵头协调工作，与各成员单位分工负责，齐抓共管，形成监管执法的合力。

四、构建我国网络广告监管体系的实现路径

在网络新媒体新时代，信息网络技术的高速发展和不断升级，牵引了网络经济、电子商务的兴起和发展，给广告行业的监管提出了新的时代课题。为了适应网络经济市场发展的需要，维护网络广告行业的可持续发展，迫切需要以系统的思维和现代治理的理念，以解决网络广告的现实问题为导向，从传统的广告监管向现代广告治理的转型。应坚持立法、执行、司法相协调，政府规制、行业规范、企业自律、社会监督相统一，实现以政府行政监管为主导，行业规范、企业自律、社会监督并举，形成多管齐下、同向发力的全方位综合治理的监管局面，全面推进我国网络广告的现代治理体系建设。

（一）发挥政府监管的主导作用，加强统筹规划

这是由我国的现实国情及网络广告监管的特点所决定的。中国是政府主导型的广告监管体制，行业自律、社会监督作为政府监管的有益补充，进行协助监管。政府作为网络广告监管的主体，旨在保障网络经济秩序的平衡发展，维护市场经济公平、公正地竞争和发展，具有法律赋予的广告监管职能和职权。所以，单纯依靠社会监督和行业自律监督，网络广告的监管工作必然体现不出它的权威性，更使得监管工作的效果大打折扣，当然，也是不可能实现的。因此，在建构网络广告监管体系的建设中，必须首先注重发挥好政府方面的主导作用，在注重抓好立法层面的法律规制建设的同时，应注意加强顶层设计，明确总体目标、主要任务和基本原则，并注重加强宏观指导和统筹协调，有针对性地开展网络广告监管体系建设的研究与实践。

政府主导网络广告监管的统筹规划的职能，主要体现在以下几个方面。

1．明确网络广告监管体系建设的总体目标和主要任务

总结借鉴我国网络广告监管的理论与实践，笔者认为，政府统筹网络广告市场监管体系建设的主要目标，概括起来应该是“三个着力”。

一是着力制定完善网络广告法律规制建设，构建形成具有中国特色的

以《广告法》等基本法为根本、以《互联网广告管理暂行办法》等行业规章为主干、以地方相关法律法规补充的上下衔接配套的网络广告法律规制体系；

二是着力网络广告着力建立完善“行政执法、行业自律、舆论监督、群众参与”相结合的网络广告监管体系，构建形成政府主导的“工商抓总、部门协作、行业规范、企业自律、社会监督”的网络广告市场监管的新格局；

三是着力改革创新监管体制和监管方式方法，构建形成统一开放、公平竞争、有序发展的网络广告市场生态。

围绕这一体系建设的总体目标，应着眼网络广告监管体系建设的构成，确定整体体系建设的主要任务。重点是推进十个“子体系”建设：（1）网络广告法律规制体系；（2）网络广告市场准入体系；（3）网络广告质量监管体系；（4）网络广告市场竞争秩序监管体系；（5）网络广告行政执法体系；（6）网络广告行业自律体系；（7）网络广告消费维权社会监督体系；（8）网络广告市场监管信息平台体系；（9）食品、药品安全监管体系；（10）互联网信息安全监管体系。

2. 把握建构网络广告监管体系的基本原则

从总体上讲，要坚持把发挥市场配置资源的基础性作用与加强政府市场监管职能有机地结合起来，克服网络广告市场自身存在的缺陷，营造法制化、国际化的营商环境，构建法治为基、诚信为魂、效率为先、公平为本的中国特色的网络广告监管模式，打造网络市场监管体制机制的新优势。在实际工作中，应着重把握好以下四项原则。

（1）系统性原则。网络广告市场监管体系建设的基础是市场，在网络广告市场体系建构的顶层设计中，应该重点突出网络广告的市场主体、市场客体、市场行为、执法主体、监管方式、监管法律法规、监管手段等方面，进行系统构建。

（2）完整性原则。即坚持行政执法、行业自律、舆论监督、公众参与相结合，统筹推进网络广告监管体系建设，形成“政府主导、多元共治，市场监督主导、部门协同，内外兼顾、规制引导并举”的网络广告市场治理格局。

（3）整体性原则。应该把市场监管体系的监管信息平台与社会信用体系的社会信用信息平台兼容，实现资源共享、信息互通；以及市场监管体系的多元监管和社会信用体系的信用约束联动，形成整体联动的有效机制。

（4）长效性原则。要通过体系建设，形成比较完善的体制机制、法律法规和相关制度，把“三打”（打击欺行霸市、打击制假售假、打击商业贿赂）和“两建”（建设社会信用体系、建设市场监管体系）的成果固化，形成有保障的长效机制。

3. 突出着力点，积极开展探索实践

可以坚持试点、有序推进的做法，积极推进网络广告监管体系建设的实践，具体可以从三个方面入手，积极探索实践。

（1）围绕转变政府职能，推进网络广告监督治理体系建设。以行政审批事项精简为新契机，以行政执法体制完善为切入点，以完善行业自律体系为突破口，积极构建政府负责（市场监督牵头、部门协作）、行业规范、企业自律、公众参与的网络广告市场监管新格局。进一步明确政府、市场、社会三者在市场监管体系建设中的角色定位，在强化政府市场监管职责、强化部门协作、发挥行业规范作用以及发挥群众和舆论监督作用等方面进行探索实践。

（2）围绕改革监管方式，推进建立“行政执法、行业自律、舆论监督、群众参与”的市场监管体系。围绕“权责明确、行为规范、监督有效、保障有力”的行政执法体系建设，进一步减少行政执法层次，加快推动“一个窗口许可”“一支队伍办案”执法体制改革，从体制上解决目前在网络广告市场监管中存在的重复监管、多头执法、执法标准不够统一等问题。特别加快推进网络广告市场监管信息平台和投诉举报平台建设，实现信息互联互通，畅通投诉举报渠道。推动监管方式方法创新，推进监管向多元监管、信用监管、综合监管和事前防范转变，真正实现监管效能和服务能力进一步提升、市场主体守法意识进一步增强、市场监管水平进一步提高的目标。

（3）围绕优化监管环境，将网络广告监管体系建设纳入法治化、国际化轨道。这是由目前网络广告监管面临的法律规制缺陷、网络国际化的特点所决定的。开展网络广告市场监管体系建设，重点就是要强化网络广告市场监管立法，提高网络广告市场监管的法治化水平。在实际工作中，注重收集和总结法律、法规和各类规章中存在的问题，探索规范解决存在问题的方向、举措。重点针对实践中发现的法律漏洞和制度缺陷，研究提出有针对性的立法建议。

（二）发挥部门联动的协同作用，推进机制创新

由于网络广告市场监管体系建设本身就是一项复杂的系统工程，中国广告监管体制又是一种政府主导的“市场监督牵头抓总、多部门协作”的广告监管模式，必须统筹协调、“弹好钢琴”、系统联动、有序推进，扎实推进行政监管的各项工作创新。

1. 创新市场准入机制。积极推进行政审批制度改革，健全完善网站备案登记制度，按照有关法规及规定，对申请开办网站者及其网站实行在线备案登记，坚持网上虚拟平台与实际注册企业相一致，确定网站企业的真实身份。网站备案登记后，可以实行统一备案、属地管理。

2. 创新行政许可机制。对一个职能部门内部多个机构许可的，调整为一个机构统一行使许可，一个窗口对外；对一个审批项目涉及多个职能部门、多环节许可的，按职能就近原则，调整为一个部门许可，方便群众办事，提高行政效能。

3. 创新行政执法机制。对同一违法行为涉及一个部门多个机构的，调整为一个机构集中执法；对同一违法行为执法涉及多个职能部门的，按照职能就近原则，确定一个职能部门承担。对于未经前置审批部门审查通过的违法行为，确定前置审批的部门统一执法；对于不涉及前置审批事项的违法行为，可按照归口管理的原则，由品种或行业管理部门统一执法。对于同一部门多个层级都有执法权的，要坚持执法权下移，把执法权放到基层执法部门行使执法权。要通过创新行政执法机制，解决职能不清、多头执法、互相推诿、重复检查、执法扰民的现象。

4. 创新投诉举报机制。政府各行政监管部门或单位，应强化执政为民的服务理念，进一步畅通群众反映问题、依法维权，特别是对违法行为监督的渠道。对于涉及反映网络广告方面的问题，可考虑建立集中受理的信访平台，整合投诉举报电话，对公众投诉举报可实行统一受理。具体可通过“政府采购、服务外包”的方式，以实现“统一接听、按责转办、统一督办、统一考核”。

5. 创新市场监管机制。通过推进网络广告监管体系建设，由政府为主的市场监管向政府、行业、社会的多元监管转变；由政府行政监管为主向行政监管、信用监管、柔性监管等综合监管转变；由现行的事中监管和事后处罚为主向事前防范、事中规范和事后惩治相衔接的全程监管转变，真正建立起与市场经济发展相适应的网络广告市场监管机制。

（三）发挥第三方机构自律作用，提高治理实效

公共管理理论为构建适合我国国情、广告市场实际和广告监管需要的监督管理治理体系提供了理论基础。要着眼构建以法规体系为行为准则、政府监管治理为强力保障、社会监督为重要补充、行业自律 为内生动力，多方参与、共同治理的公共监管多元治理体系。网络广告的规制是个系统工程， 在强化政府监管职能的同时，要推进将行业协会的职能制度化、规范化，公众参与监督的权利明确化、法制化，促进市场主体自律意识的程序化、责任化，将媒体监督、公告义务和机制常态化，积极创新我国网络广告管理新途径。这其中，一个很重要的方面就是建立第三方广告自律审查机构。从欧洲和日本的网络广告规制实际情况看，由于拥有广泛的社会认同，消费者愿意与加入了网络广告自律组织的广告主进行交易，而广告主等网络广告活动主体为取得消费者的信赖，也积极加入网络广告自律组织，自发地接受广告自律组织的规制和指导，从而使自律主导型网络广告规制模式得以有效运转。这种自律审查机构“是指由广告主、广告公司和网络媒体等网络广告活动主体自发组成的行业自律机构它有别于中国广告协会等政府组建的广告行业协会，保持着相对独立的法律地位和机构运作模式”①。它的核心原则就是独立性。否则，就会成为利益团体的附庸，或

① 黄河，江凡，王芳菲. 中国网络广告十七年（1997—2004）［M］. 北京：中国传媒大学出版社，2014：272.

者成为利益团的代言人。

广告行业自律是政府广告监管的重要补充，也是我国网络广告事业健康发展的保障。早在2008年，就有学者曾提出建立具有中国特色的第三方网络广告自律审查机构的构想。[①]通过比较研究美国商业优化局、英国广告标准局、日本广告审查机构等广告自律审查机构。这种第三方网络广告自律审查机构，承担着来自网络广告活动主体的咨询，并处理消费者的投诉。处理结果定期公布，为未来的网络广告市场活动提供指导。也有学者认为："在我国建立独立、中立、综合的第三方网络广告自律审查机构，能够极大提升网络广告行业自律规制的有效性。"[②]通过建立第三方网络广告自律审查机构，能够使政府让渡出部分规制职能，从而使行业自律有效地承担起更多的规制职能，有效地解决调整网络广告规制模式中政府规制上的不平衡问题。

这种自律审查机构职能任务主要有两项："一是接受来自在企业的咨询，二是处理来自消费者的投诉。处理的结果定期提供给会员单位，作为今后广告业务活动的参考，这其实正是主要广告业发达国家广告自律审查机构的通行做法。"[③]随着网络技术的不断更新，网络广告的不断变化，在网络广告的具体监管过程中，暴露的问题也会越来越多，这就需要形成类似于法院判案的广告审查标准，进而解决广告行业自律规制中，缺乏行之有效的操作规范等问题。同时，定期组织行业协会的会员对国家法律法规以及相关政策规定的学习，普及伦理操守，加快各行业制定自我约束的细则，并且向有关行政监督管理部门及时反映问题、提出建议，这是第三方自律审查机构的职能所在。从目前我国网络广告行业的实际情况来看，建立第三方自律审查机构，要由点及面，先从网络媒体入手，逐步向大的广告相关主体，甚至整个行业来推广，这样更为妥当。

---

① 范志国. 中外广告监管比较研究[M]. 北京：中国社会科学出版社，2008：336.

② 黄河，江凡，王芳菲. 中国网络广告十七年（1997—2004）[M]. 北京：中国传媒大学出版社，2014：272.

③ 范志国. 中外广告监管比较研究[M]. 北京：中国社会科学出版社，2008：338.

（四）发挥社会组织的监督作用，培育社会生态

党的十八届三中全会部署的十五个方面的改革中，明确提出加快政府职能转变和创新社会管理体制，这两个方面改革的内容都与重视和发挥社会组织作用，承接政府职能转变，创新社会治理体系直接相关。社会组织来自社会，服务于社会，这是民间组织本质的特征。

网络广告的监管体系建设，从现代治理角度来讲，还有一个很重要的方面，就是重视发挥社会组织如消费者协会、新闻媒体等社会组织的作用，强化舆论监督的效应和影响。社会组织相较于政府而言，从其产生至现实运作，具有公益性、非营利性与自主性，其成员与组织活动中更拥有突出的志愿性与平等性。在我国基层社会治理中，这些特性使其具有独特优势，更易于获取认同感和归属感，其细致入微的运作特性也更加符合当下社区文化和传统的要求。在网络经济已然来临的今天，线上线下、虚拟空间与现实社会已经交融难分，网络经济包括网络广告活动渗透到社会的各个方面，可以说每天都影响着人们的日常生活，对广告市场环境产生重要影响。构建多元化的社会治理体系，必须提高其自主与自治能力，充分发挥社会组织具有的自我管理和服务便利的功能。在构建并完善社会组织运作平台的基础上，通过不断拓展其运行与活动空间，进一步激发社会组织的活力。因此，完善社会组织的运行机制，引入科学有效的激励和考评机制，建立健全典型引导机制和群众参与机制等是十分必要的。同时，应加快完善税务、税收、人事和福利等与民间组织发展密切联系的政策法规，进一步加强对其政策支持的力度。加强社会组织的能力建设，必须强化其自身的自律与自理能力，进一步提升社会组织的自立和自强意识。以行业自律和组织诚信活动的有效开展为基础，逐步提升社会组织的政治素养、业务能力及法律意识。努力培育良好的社会生态，对于构建网络广告治理体系，也是现实中不可或缺的紧迫课题。

总而言之，中国网络广告的治理系统建设是个系统工程，把握好工作的着眼点和关键点十分必要。其中，宗旨是保护公共利益，前提是依法行政，目标是提升监管效率，关键是政府主导，保障是不断创新监管治理机制。要重视理论与实践相结合的研究方法，即以公共治理理论与我国广告

监管实践相结合为基础，通过分析公共治理理论在我国广告监管中的可行性与适用性，探寻理论与实践结合的最佳路径；通过明确监管目的，即维护公共利益最大化，降低政府监管成本，提升监管效率；通过完善社会监管参与路径的体系构建，强化行业自律能力，统一各方目标，整合监管资源，从而改变传统的“单打独斗”模式，形成“共治”“混合治”的新局面，使得各方监管优势形成合力，真正实现网络广告监管上的现代化治理转型。

结　论

网络广告产业在中国虽然起步比较晚，但其发展却是十分迅猛的。从1997年中国第一个网络广告的出现至今已有二十余年时间，随着网络广告产业发展和市场的不断壮大，网络广告的监管问题日益成为政府及社会关注的焦点。我国现实生活中出现的网络广告监管上的政府失灵、网络广告活动中的市场失灵、网络广告治理中的第三部门失灵以及网络广告对消费者权益的侵害，给网络广告的监管提出了紧迫的现实要求。然而，面对网络广告市场出现的诸多问题，我国现有的广告监管的滞后性，诸如包括法律规制的缺陷、监管主体的缺位、监管程序的缺失、行业自律的薄弱、社会监督的有限，等等，暴露出了我国网络广告市场监管中结构性失衡和内在缺陷。这种带有结构性的失衡及其缺陷，既不能靠单项“补洞”式的整改就可以实现，又不能脱离我国经济发展、管理体制和文化传统的实际来除旧布新，只是立足我国网络广告市场实际，总结借鉴中外这方面的成功经验，从全局和战略层面把建构我国网络广告监管体系提上日程。

当代中国的改革正处于一个历史性的转换期。推进我国治理体系和治理能力的现代化理论概括、我国网络广告的法律法规的制度体系初步建构以及信息网络技术的飞速发展，为我国网络广告监管体系建设提供了理论、制度和技术的前提。构建我国网络广告监管体系，应该坚持有效规制与促进发展相统一，努力实现由传统监管向现代治理转型的大走势和大逻辑，把握好监管主体、监管客观、规制系统、市场环境等构成要素，认真总结分析我国现有的监管体制、监管模式的特点及其利弊，积极探索研究构建我国网络广告市场监管体系的有效实现路径。基于我国的管理体制和市场发育等方面情况，必须重视发挥我国广告监管体制的特色和优势，充分发挥好政府主导型监管的作用，并借鉴现代公共治理的科学理念，推进我国网络广告监管体系建设。

破解我国网络广告监管中存在的结构性失衡和缺陷的问题，要求必须从全局战略的层面出发，按照系统的观点，多维的视角，加强我国网络广告市场监管体系建设问题。它的目标不是局部的，也不是单项的，是全方位的推进建设，需要调动网络广告监管体系中的各个要素的力量，形成多方治理的架构和格局。

具体来讲应该包括以下几个方面。

第一，就是要建立行政执法、行业自律与社会群众参与相结合的网络广告监管体系；构建“政府负责、部门协作、行业规范、公众参与”的市场监管的新格局；

第二，就是要深入改革传统的监管体制，创新网络广告监管的方式方法，进一步规范网络广告市场的秩序，规避网络广告市场的风险，建立统一、开放、竞争、有序的网络广告市场生态环境。

第三，以市场构成要素为主线，从网络广告市场主体监管、客体监管、行为监管三个层面出发，全面推进网络广告监管体系建设。具体包括构建“市场准入”“质量监管”“市场竞争秩序监管”体系；构建“行政执法”“行业自律”和“消费维权社会监督”的体系；构建“市场监管法制”“市场监管信息平台”体系。真正形成全方位、全过程、多维度的网络广告监管的系统体系。

理论研究的探讨不仅是启发心智，更要指导实践中的网络广告监管活动，推动工作落实，破解监管上结构性失衡和缺陷。构建我国网络广告监管体系，应注意把握好系统性、完整性、整体性和长效性，从具体实现路径来讲，主要有四个方面：一是发挥政府监管的主导作用，加强顶层设计，明确总体目标、主要任务和基本原则，并注重加强宏观指导和统筹协调；二从网络广告市场准入登记到颁发行政许可，从行政监管执法到行政处罚，从接受投诉举报到行政介入处理等环节，都需要各行政监管部门发挥职权职能，推进各项机制创新，合力做好网络广告的监管工作；三是发挥第三方机构自律作用，提高治理实效；四是发挥社会组织的监督 作用，培育社会生态，全面建构我国的网络广告市场的监管体系，积极破解各种监管困境，确保我国网络广告市场的健康发展。

限于我国对网络广告监管实践时间不长，以及当前这方面理论标志性研究成果有限，加之本人的学术功力不深，本书的研究探讨只是初步的，还存在一些不足之处。比如，在侧重分析加强对网络广告进行监管的同时，对如何处理监管规范与促进发展的关系上有所欠缺；加之由于政府在网络监管方面的数据较难获得，运用计量分析方法进行定量分析还不够。这有待于今后的研究和实践的深入发展，也需要研究者本人持续地关注、总结及深入地研究探讨。

歌德有一句名言："理论是灰色的，而生活之树常青！"当代中国的经济发展已经势不可挡，网络经济作为市场经济的新业态，有它自身的内在逻辑。如今的中国网络经济发展在世界经济格局中占有举足轻重的重要地位，中国的网络广告市场也与世界网络经济密不可分。我国方面的监管实践已经由真空—杂乱—有序，这方面的理论研究，相比较于西方国家的研究，也由最初空白—学习引鉴—消化创新来转变，重视加强这方面的相关研究还是要做到学习借鉴与立足国情相统一，有效管理与促进发展相统一，推进实践创新与深化理论研究相统一，单项研究与系统研究相统一，不断深化这方面理论研究成果，助推政府有关政策措施的出台及监管实践的应用，为引导和规范中国的网络广告市场健康有序发展提供相应的理论支持。

参考文献

图书著作类:

[1] 马特斯尔斯·W. 斯达切尔. 网络广告: 互联网上的不正当竞争和商标[M]. 北京: 中国政法大学出版社, 2004.
[2] 崔银河. 广告学概论[M]. 北京: 中国传媒大学出版社, 2007.
[3] (美)卡尔. ·夏皮罗, 哈尔·瓦里安. 信息规则——网络经济的策略指导[M]. 北京: 中国人民大学出版社, 2000.
[4] 吕蓉. 广告法规管理[M]. 上海: 复旦大学出版社, 2006.
[5] (美)B. 盖伊· 彼得斯. 政府未来的治理模式[M]. 北京: 中国人民大学出版社, 2014.
[6] 俞可平主编. 治理与善治[M]. 北京: 社会科学文献出版社, 2000.
[7] (美)迪克·莫里斯. 网络民主[M]. 台北: 商周出版社, 2000.
[8] 温智、王桂霞, 广告道德与法规[M]. 北京: 清华大学出版社, 2009.
[9] 吴弘. 电子商务发展的法律研究[M]. 上海: 上海交通大学出版社, 2006.
[10] 刘少杰. 中国网络社会研究报告[M]. 北京: 中国人民大学出版社, 2015.
[11] 马利. 互联网——治国理政新平台[M]. 北京: 人民日报出版社, 2012.
[12] (美)珍妮特·登哈特, 罗伯特·登哈特. 新公共服务——服务, 而不是掌舵[M]. 北京: 中国人民大学出版社, 2010.
[13] 蔡文之. 网络传播革命: 权力与规制[M]. 上海: 上海人民出版社, 2011.
[14] 顾丽梅. 信息社会的政府治理[M]. 天津: 天津人民出版社, 2003.
[15] 董克用. 公共治理与制度创新[M]. 北京: 中国人民大学出版社, 2004.
[16] 刘文富. 网络政治——网络社会与国家治理[M]. 北京: 商务印书馆, 2004.

[17] 刘邦凡. 电子治理引论［M］. 北京：北京大学出版社，2005.
[18] 唐娟. 政府治理论［M］. 北京：中国社会科学出版社，2006.
[19] 汪向东，姜奇平. 电子政务行政生态学［M］. 北京：清华大学出版社，2007.
[20] 顾丽梅. 政府创新与政府治理［M］. 上海：复旦大学出版社，2009.
[21] 刘林清. 广告法规与管理［M］. 北京：高等教育出版社，2009.
[22] 王强. 政府治理的现代视野［M］. 北京：中国时代经济出版社，2010.
[23] 俞可平. 敬畏民意：中国的民主治理与政治改革［M］. 北京：中央编译出版社，2012.
[24] 董礼胜，刘作奎. 发达国家电子治理［M］. 北京：社会科学文献出版社，2012.
[25]（美）埃莉诺·奥斯特罗姆. 公共事物的治理之道：集体行动制度的演进［M］. 余逊达译. 北京：三联书店，2000.
[26] 陈柳裕，唐明良. 广告监管中的法与理［M］. 北京：社会科学文献出版社，2009.
[27] 范志国. 中外广告监管比较研究［M］. 北京：中国社会科学出版社，2008.
[28]（美）斯蒂芬·戈德史密斯，威廉·埃格斯. 网络化治理：公共部门的新形态［M］. 孙迎春译. 北京：北京大学出版社，2008.
[29] 李昌麒，许明月. 消费者保护法［M］. 北京：法律出版社，2005.
[30] 蒋志培. 网络与电子商务法［M］. 北京，法律出版社，2001.
[31] 国际广告杂志社，北京广播学院广告学院. 中国广告猛进史［M］. 北京：华夏出版社，2004.
[32] 李德成. 网络广告法律制度初论［M］. 北京：中国方正出版社，2000.
[33] 李德成. 网络隐私权保护制度初论［M］. 北京：中国方正出版社，2001.
[34] 李祖明. 电子商务法教程［M］. 北京：对外经济贸易大学出版社，2009.
[35] 冯子标. 人力资本运营［M］. 北京：经济科学出版社，2002.
[36] 黄河，江凡，王芳菲. 中国网络广告十七年（1997—2014）［M］. 北京：中国传媒大学出版社，2014.
[35] 高萍. 公益广告初探［M］. 北京：中国商业出版社. 1999.
[36] 魏超. 网络广告［M］. 北京：中国轻工业出版社，2007.

[37] 邓小兵, 冯渊源. 网络广告行政监管研究[M]. 北京: 人民出版社, 2014.

[38] (美)查尔斯·林德布洛姆. 政治与市场———世界的政治—经济制度[M]. 王逸舟译. 北京: 三联书店, 1992

[39] 刘凡. 中国广告业监管与发展研究[M]. 北京: 中国工商出版社, 2007.

[40] (日)植草益. 微观规制经济学[M]. 朱绍文译. 北京: 中国发展出版社, 1992.

[41] 周佑勇. 行政法学基本原则研究[M]. 武汉: 武汉大学出版社, 2005.

[42] (美)丹尼尔·史普博. 管制与市场[M]. 余晖等, 译. 上海: 三联书店、上海人民出版, 1999.

[43] 潘伟杰. 制度、制度变迁与政府规制研究[M]. 上海: 三联书店, 2005.

[44] 郭薇. 政府监管与行业自律[M]. 北京: 中国社会科学出版社, 2011.

[45] 吴弘, 胡伟. 市场监管法论——市场监管法的基础理论与基本制度[M], 北京: 北京大学出版社, 2006.

[46] (英)卡罗尔·哈洛, 理查德·罗林斯. 法律与行政[M]. 杨伟东, 等译. 北京: 商务印书馆, 2004.

[47] (美)约翰·伊特韦尔, 默里·米尔盖特等主编. 新帕尔格雷夫经济学大辞典(第4卷)[M]. 陈岱孙主编, 译. 北京: 经济科学出版社, 1992.

期刊论文:

[1] 杨嵘均. 论网络空间草根民主与权力监督和政策制定的互逆作用及其治理[J]. 政治学研究, 2015(03).

[2] 田凯. 治理理论中的政府作用研究: 基于国外文献的分析[J]. 中国行政管理, 2016(12).

[3] 刘少华, 刘凌云. 创新网络空间治理营造良好网络环境的四大举措[J]. 中国行政管理, 2016(10).

[4] 张猛. 论网络广告的法律规制[J]. 法制与社会, 2011(21).

[5] 于华, 史焕高. 加强政府网络执政能力建设——从国家治理体系和治理能力现代化角度[J]. 党政研究, 2014(02).

[6] 赵玉林. 构建我国互联网多元治理模式——匡正互联网服务商参与网络治

理的“四大乱象”[J]. 中国行政管理, 2015(01).
[7] 王浦劬. 国家治理、政府治理和社会治理的基本含义及其相互关系辨析[J]. 社会学评论, 2014(03).
[8] 辛向阳. 国家治理体系和治理能力现代化的基本内涵[J]. 马克思主义文摘, 2014(07).
[9] 虞崇胜, 邹旭怡. 秩序重构与合作共治——中国网络空间治理创新的路径选择[J]. 理论探讨, 2014(04).
[10] 谢望原. 论拒不履行信息网络安全管理义务罪[J]. 中国法学, 2017(02).
[11] 吴亦娇, 赵子健. “互联网+”背景下我国电子商务发展研究[J]. 宏观经济管理, 2017(02).
[12] 安康. 网络视听新媒体的态势与监管问题[J]. 中国出版, 2017(02).
[13] 喻修远. 网络舆情政府监管的问题与对策[J]. 中国行政管理, 2016(11).
[14] 刘金瑞. 我国网络关键基础设施立法的基本思路和制度建构[J]. 环球法律评论, 2016(05).
[15] 孟卧杰. 论我国网络社会治理的三个有效结合[J]. 天津行政学院学报, 2015(06).
[16] 汪旭晖, 张其林. 平台网络市场“平台—政府”双元管理范式研究——基于阿里巴巴集团的案例分析[J]. 中国工业经济, 2015(03).
[17] 牛强, 胡艺. 互联网金融: 创新、风险及其监管政策研究[J]. 云南社会科学, 2015(06).
[18] 程琥. 论我国网络市场监管的行政法治转型[J]. 行政法学研究, 2017(01).
[19] 刘叶婷. 互联网思维语境下的政府治理创新[J]. 领导科学, 2014(24).
[20] 张峰. 网络公共领域的政府治理模式创新——从协作向合作的嬗变[J], 理论与改革, 2014(02).
[21] 刘小冰、邱萍. 网络民主中的政府治理及其法律调控[J]. 南京社会科学, 2006(01).
[22] 张永桃. 以理性和战略的眼光透视网络政治参与——评《网络政治参与与政治稳定机制研究》[J]. 政治学研究, 2013(04).

[23] 鞠晔，凌学东．大数据背景下网络消费者个人信息侵权问题及法律救济[J]．河北法学，2016(11)．
[24] 曾润喜，徐晓林．社会变迁中的互联网治理研究[J]．政治学研究，2010(04)：75-82.
[25] 王烨．对网络广告法律规制的几点建议[J]．法制博览(中旬刊)，2012(05)．
[26] 张元．我国网络信息监管的实践路径探索[J]．广西社会科学，2016(06)．
[27] 赵明亮，李萍．网络经济与政府治理创新[J]．云南行政学院学报，2004(05)．
[28] 沈岿．互联网经济的政府监管原则和方式创新[J]．国家行政学院学报，2016(02)．
[29] 易玲．网络购物维度下消费者的权益保护研究[J]．河北法学，2016(06)．
[30] 王国红，马瑞．规范与创新：促进网络政治健康发展[J]．政治学研究，2012(03)．
[31] 冀瑜，李建民，慎凯．网络交易平台经营者对专利侵权的合理注意义务探析[J]．知识产权，2013(04)．
[32] 郭晓莉．假货治理在电商时代遭遇的法律困境及其应对[J]．湖南科技大学学报(社会科学版)，2016(02)．
[33] 夏定．网络广告监管亟需解决的法律问题[J]．中国广告，2010(12)．
[34] 金鑫．网络广告监管的思考[J]．合作经济与科技，2010(02)．
[35] 邹卫中，钟瑞华．网络治理的关键问题与治理机制的完善[J]．科学社会主义，2015(06)．
[36] 雷琼芳．加强我国网络广告监管的立法思考——以美国网络广告法律规制为借鉴[J]．湖北社会科学，2010(10)．
[37] 孙柏瑛，李卓青．政策网络治理：公共治理的新途径[J]．中国行政管理，2008(05)
[38] 胡税根，高汉荣．我国网络名牌发展的政府政策研究[J]．浙江社会科学，2003(04)．
[39] 马思萍．网络经济与政府行政范式[J]．行政法学研究，2003(04)．

[40] 郭小冬. 网络经济中的屏蔽因子与政府规制 [J]. 经济学家, 2003(02).
[41] 尹艳华. 网络经济将如何改变政府的管理 [J]. 政治学研究, 2000(01).
[42] 刘志勇. 论网络的虚假广告 [J]. 新闻爱好者, 2009(24).
[43] 柳镭. 论互联网行为导向型广告与美国隐私权保护困境 [J]. 重庆理工大学学报(社会科学版), 2010(03).
[44] 唐英, 朱娜. 网络广告生态习性及环境治理 [J]. 当代传播, 2015(05).
[45] 邵国松. 网络广告管制中的问题和对策——兼评我国《广告法》首次修改 [J]. 江淮论坛, 2015(04).
[46] 阙天舒. 中国网络空间中的国家治理: 结构、资源及有效介入 [J]. 当代世界与社会主义, 2015(02).
[47] 陈敏直, 孙然. 网络广告病毒式传播的社会成本 [J]. 当代传播, 2013(03).
[48] 王军. 广告治理和监管的法规政策研究 [J]. 中国广播电视学刊, 2011(12).
[49] 王新国, 楚云鹤. 关于网络广告中的法律问题的思考 [J], 中州大学学报, 2008(05).
[50] 夏露. 网络广告监管机构体系与手段 [J]. 物流与采购研究, 2009(06).
[51] 符强, 马广宇. 互联网仿真现实监管任重道远——网络文化信息监管模式研究 [J]. 中国电信业, 2008(06).
[52] 施佳. 网络广告及其法律规制 [J]. 知识经济, 2009(08).
[53] 董雪. 浅析网络广告的发展与监管 [J]. 网络与信息, 2006(11).
[54] 王庆宇. 我国网络广告存在的问题及政府的监管责任 [J]. 党政干部论坛, 2007(06).
[55] 郭泽德. 中国网络广告10年发展过程研究 [J]. 中国广告, 2007(11).
[56] 苏月. 我们需要什么样的网络广告?——试论企业网站的广告传播效果 [J]. 新闻界, 2005(05).
[57] 黄玉涛. 解析中国网络广告的发展轨迹 [J]. 中国广告, 2004(07).
[58] 孙瑞英. 网络数据内容分析研究 [J]. 图书馆学研究, 2005(07).
[59] 周佑勇. 行政法基本原则的反思与重构 [J]. 中国法学, 2003(04).

[60] 柯永祥. 网络广告法若干问题研究[J]. 前沿, 2003(06): 110-112.
[61] 袁翔珠. 网络广告的法律问题探析[J]. 科技进步与对策, 2002(05).
[62] 丁莹. 北京为网络广告正式立规[J]. 工商行政管理, 2001(08).
[63] 陈一, 贾飞. 狂人马云和他的“阿里巴巴”[J]. 企业研究, 2000(12).
[64] 陈絢. 网络广告的特点与发展趋势[J]. 国际新闻界, 2000(04).
[65] 谭旭. 网络广告——现在就是未来[J]. 网络与信息, 1997(08).
[66] 金玲. 建构对网络平台的多中心监管模式——以淘宝为例[J]. 广东省社会主义学院学报, 2017(01).
[67] 周又红. 论网络广告的政府监督和管理[J]. 浙江大学学报(人文社会科学版), 2001(07).
[68] 周辉. 美国网络广告的法律治理[J]. 环球法律评论, 2017(09).
[69] 马辉. 社交网络时代影响力营销的广告法规制研究[J]. 东南大学学报(哲学社会科学版), 2021(01).
[70] 邵海. 虚假广告治理中的侵权诉讼[J]. 比较法研究, 2018(02).
[71] 唐英. 新《广告法》视域下互联网广告低俗化监管机制研究[J]. 当代传播, 2018(01).
[72] 鲁艳敏, 陈琦. 网络直播营销行为需要约束与规范—访中国广告协会会长张国华[J]. 传媒, 2020(09).
[73] 孟茹. 算法时代西方网络广告监管的转向研究[J]. 编辑之友, 2020(07).

学位论文:

[1] 张铭洪. 网络经济下的市场竞争策略与政府政策研究[D]. 厦门: 厦门大学, 2001.
[2] 钟时. 中国广告市场的综合治理研究[D]. 长春: 吉林大学, 2012.
[3] 阮丽华. 网络广告及其影响研究[D]. 武汉: 华中科技大学, 2005.
[4] 周志太. 基于经济学视角的协同创新网络研究[D]. 长春: 吉林大学, 2013.
[5] 何跃鹰. 互联网规制研究——基于国家网络空间安全战略[D]. 北京: 北京邮电大学, 2012.
[6] 蹇洁. 网络经济违法的监管模式构建[D]. 重庆: 重庆大学, 2012.

[7] 林宏伟. 网络广告运作的若干为题研究[D]. 成都: 电子科技大学, 2013.
[8] 苏惠香. 网络技术创新与扩散效应研究[D]. 大连: 东北财经大学, 2007.
[9] 王爽. 互联网与文化生产、推广和消费研究[D]. 济南: 山东大学, 2016.
[10] 陆凯. 中国政府治理机制演变对其经济增长的影响分析——以转型期政府治理机制演变为重点[D]. 南京: 南京大学, 2012.
[11] 历国刚. 中国当代广告“健康”话语变迁研究(1979-2014)[D]. 上海: 华东师范大学, 2016.
[12] 汪旻艳. 网络舆论背景下的中国政府治理研究[D]. 南京: 南京大学, 2014.
[13] 唐汇西. 网络信息政府监管研究[D]. 武汉: 武汉大学, 2010.
[14] 王法涛. 电子商务平台纵向关系治理及竞争策略研究[D]. 北京: 北京邮电大学, 2011.
[15] 杨国栋. 论电子政府构建的政府基础[D]. 长春: 吉林大学, 2013.